新疆干旱荒漠生态敏感区高等级公路品质工程建设实用技术

蒋兴明　黄　勇　张　毅　等　编著

人民交通出版社

北京

内 容 提 要

本书系统介绍了新疆干旱荒漠生态敏感区高等级公路工程建设过程中的自然保护区标准化施工、资源循环再利用、智慧施工、环境保护实施及特色附属设施建设。本书依托卡拉麦里山有蹄类野生动物自然保护区公路施工项目，开展了项目全过程的生态保护方案研究，应用了多项新技术、新工艺、新材料来指导施工，适用于自然保护区或对生态环境保护要求比较高的城镇周边区域的公路施工建设管理，可以开拓相关项目人员的新理念、新思路，解决工程中环境与施工建设相协调的问题。同时，本书可指导相关专业的学生群体，传达先进的施工管理理念，拓宽新一代工程接班人的视野。

图书在版编目（CIP）数据

新疆干旱荒漠生态敏感区高等级公路品质工程建设实用技术／蒋兴明等编著． — 北京：人民交通出版社股份有限公司，2025．4． — ISBN 978-7-114-20025-0

Ⅰ．U41

中国国家版本馆 CIP 数据核字第 2025DU9037 号

Xinjiang Ganhan Huangmo Shengtai Minganqu Gao Dengji
Gonglu Pinzhi Gongcheng Jianshe Shiyong Jishu

书　　名：	新疆干旱荒漠生态敏感区高等级公路品质工程建设实用技术
著 作 者：	蒋兴明　黄　勇　张　毅　等
责任编辑：	朱伟康
责任校对：	赵媛媛
责任印制：	张　凯
出版发行：	人民交通出版社
地　　址：	（100011）北京市朝阳区安定门外外馆斜街 3 号
网　　址：	http://www.ccpcl.com.cn
销售电话：	（010）85285857
总 经 销：	人民交通出版社发行部
经　　销：	各地新华书店
印　　刷：	北京市密东印刷有限公司
开　　本：	787×1092　1/16
印　　张：	8
字　　数：	160 千
版　　次：	2025 年 4 月　第 1 版
印　　次：	2025 年 4 月　第 1 次印刷
书　　号：	ISBN 978-7-114-20025-0
定　　价：	90.00 元

（有印刷、装订质量问题的图书，由本社负责调换）

《新疆干旱荒漠生态敏感区高等级公路品质工程建设实用技术》编写组

主　编：蒋兴明　黄　勇　张　毅

副主编：李　杰　卫新玒　韩　锋　甫尔海提·艾尼瓦尔
　　　　　王永学　芦　欣　杨站伟　陈　瑞　董亚红

成　员：杨秋菊　王建龙　陈　伟　马雪峰　武新成　姜子君
　　　　　朱　侠　刘伟伟　徐晓龙　李宏亮　吾尔列吾　王豫仲
　　　　　刘开红　宋朋飞　郝江华　陈　芳　王　旋　李海燕
　　　　　望远福　骆丽珍　高方军　段　婷　陆　畅　蒋远翔
　　　　　李炫希　张世霞　张树民　蔡正开　鲁国臣　王成强
　　　　　王金友　艾买提·哈斯木　张　凡　李朝阳　谢　允
　　　　　刘志勇　邵振永　李圣彬　曹书涛　李　永　赵海山
　　　　　张念国　薛松旺　王俊伟　张　利　蒋晓园

FOREWORD | 序

随着我国交通行业的快速发展,自然保护区内的公路建设项目日益增多。由于自然保护区生态环境的敏感性,公路建设将对其产生显著的不利影响。现阶段,大多数关于公路建设项目对自然保护区生态环境影响的研究成果仅有定性结论;涉及自然保护区的公路建设项目在施工期和运营期都会对保护区的生态环境产生直接或间接的不利影响。由于项目所涉及的自然保护区的类型不同,公路建设对其生态环境影响的程度和特点也不同。在分析公路建设对自然保护区的生态环境影响时,应把握以下几个要点:明确自然保护区的相关情况,包括功能划分、性质、保护目标、保护区生态系统的特点等;注重对自然保护区重要生态系统的影响评价;把握自然保护区的根本保护策略,科学评价其影响;提出针对性保护措施,重视施工期的环保措施。

本书依托西部地区特殊环境下公路养护协同创新平台,结合国道216线富蕴至五彩湾公路建设项目的实战经验,总结出一套适用于新疆干旱荒漠生态敏感区高等级公路品质工程建设的实效方法,阐明了高等级公路建设当中开展施工标准化活动的必要性。

新疆维吾尔自治区位于中国西北边陲,是中国陆地面积最大的省级行政区,面积166.49万平方公里,约占中国陆地总面积的六分之一,也是丝绸之路经济带的重要节点,在"一带一路"建设中具有举足轻重的作用,是"第二座亚欧大陆桥"的必经之地,战略位置十分重要,所以新疆的公路建设也间接影响着我国与中亚国家在经济贸易等领域的合作。新疆在"十四五"期间全力推进交通基础设施建设。高速(一级)公路将建设4500公里,总里程将达到1万公里以上。到2025年,全区公路总里程预计达到18.05万公里(含新疆生产建设兵团)。届时,新疆的高速公路建设将迎来一个前所未有的发展时期。

  本书所介绍的环保标准化施工、资源循环再利用、智慧施工、环境保护、特色附属设施建设,可为广大公路建设者在类似于新疆这种特殊环境下进行高等级公路建设提供参考,为推进交通项目建设发展献计献策。本书力图通过实际的工作经验、科学有效的行动举措和实实在在的工作业绩,为国家经济稳增长助力,并努力满足人民群众对交通运输发展的新期盼。

作 者

2023年4月

PREFACE 前言

标准化的全面推行,对于规范公路工程施工管理,实现施工规范化、标准化、精细化,有效遏制公路工程质量通病,确保项目管理规范,工程质量安全可靠、实用耐久,工程实体内实外美及与生态景观相协调等,具有重要的意义。

为了保护和改善生活环境与生态环境,防止由于工程施工造成的作业污染和扰民,保障工地附近居民和施工人员的健康,一系列具体、切实可行的管理制度和技术措施被制订用于做好建筑施工现场的环境保护工作。施工现场的环境保护是文明施工的具体体现,也是施工现场管理达标考评的一项重要指标,所以必须采取现代化的管理措施来做好这项工作。标准化建设是有序施工的根本,也是环境保护的基础,切实做到有序施工与生态保护和谐并重。

为积极推行高速公路施工标准化和践行"创新、协调、绿色、开放、共享"五大发展理念,落实"四个交通"发展要求,保证各项工作有序推进,进一步提高项目工程质量、安全管理及文明施工管理水平,国道216线富蕴至五彩湾项目根据交通运输部《高速公路施工标准化技术指南》及《新疆维吾尔自治区公路施工标准化手册》积极推行标准化施工。项目围绕施工标准化要求,从当地实际出发,细化施工过程控制,推广成熟工艺和先进技术,着力解决质量通病问题,力争实现质量目标。主要从以下四个方面落实标准化:一是开展《新疆维吾尔自治区公路施工标准化手册》的培训和宣贯,让一线施工人员掌握施工标准化管理的核心和精髓,重点抓好施工现场管理标准化和施工作业标准化;二是由项目经理牵头,在拌和站建设、路面基层施工、路面基层养护、路面夜间施工中各选取一个工点作为施工标准化示范点,由工点向工序延伸,由注重驻地场站建设标准化向建设人员管理标准化、施工现场标准化及施工作业标准化方面延伸;三是积极检查指导和考核评比各作业队标准化执行情况,将施工标准化落在每一道工序、每一个作业人员的行为规范上;四是建立合同约束机制,强化违约责任追究制度,将标准化管理的各项要求纳入施工合同中。

为积极响应新疆维吾尔自治区交通运输厅"平安百年品质工程"创建要求,国道216线富蕴至五彩湾项目健全质量管理责任体系,落实参建各方责任;继续开展现代工程管理,推进工程"五化"建设;梳理排查工程项目质量通病,开展质量通病预防知识培训;完善信用评价体系,加强采信、登记和评价;加强勘察设计质量管理,提高工程勘察设计水平;强化合同管理,提高合同履约水平;加强试验检测能力建设,为质量控制提供科学依据;构建工程建设综合信息平台,推进工程信息化管理;创新发展理念,积极研究探索或引进"四新"技术;加强工程质量把控,强化环境保护意识,更新环境监管手段,落实生态和谐措施,切实做到环境保护与品质工程协调共创。

本书主要介绍了国道216线富蕴至五彩湾项目施工标准化相关成果。全书共分五章:第一章为自然保护区标准化施工,主要介绍施工驻地标准化、厂站建设标准化、施工便道(便桥)标准化实施细节;第二章为资源循环再利用,主要介绍项目建设过程中紧密结合空间布局、施工工艺、新材料应用和固废综合利用方面开展资源循环利用;第三章为智慧施工,主要介绍项目采用云计算、大数据、物联网和数字信息化模型等前沿技术,针对所获取的不同信息类型,结合不同的施工需求,构建信息化的施工现场一体化管理解决方案;第四章为环境保护实施,主要介绍项目环境保护措施的依据、目标以及工作程序要求、措施、职责;第五章为特色附属设施建设,主要介绍项目"空地一体化"特色体系建设及意义。

本书在编写过程中得到了国道216线富蕴至五彩湾项目部、新疆交通建设集团股份有限公司、新疆交建公路规划勘察设计有限公司以及交通运输行业西部地区特殊环境下公路养护技术协同创新平台的大力支持,在此表示感谢。

由于编者水平有限,加之时间仓促,书中难免存在不完善之处,感请读者批评指正。

作　者
2023年4月

CONTENTS | 目录

第一章　自然保护区标准化施工 …………………… 1
　　第一节　项目概述 ………………………………… 2
　　第二节　施工驻地标准化 ………………………… 2
　　第三节　厂站建设标准化 ………………………… 13
　　第四节　施工便道(便桥)标准化 ………………… 30

第二章　资源循环再利用 …………………………… 35
　　第一节　利用路基作为预制桥梁构件场区
　　　　　　关键技术 ………………………………… 36
　　第二节　弃方再利用关键技术 …………………… 44

第三章　智慧施工 …………………………………… 55
　　第一节　建设智慧工地的意义 …………………… 56
　　第二节　G216卡拉麦里山自然保护区信息化
　　　　　　施工技术集成 …………………………… 56
　　第三节　无人机在工程管理中的应用 …………… 91

第四章　环境保护实施 ……………………………… 99
　　第一节　环境保护措施的依据 …………………… 100
　　第二节　环境保护的目标 ………………………… 100
　　第三节　环境保护工作程序流程图 ……………… 100
　　第四节　环境保护要求 …………………………… 101
　　第五节　环境保护措施 …………………………… 102

第六节　环境保护职责 ………………………………… 104
第五章　特色附属设施建设 ……………………………… 107
　第一节　"空地一体化"自然保护区动态监测系统
　　　　　建设意义 ……………………………………… 108
　第二节　自然保护区环境监管体系总体设计 ……… 109
　第三节　"空地一体化"自然保护区动态监测
　　　　　系统结构 ……………………………………… 109
　第四节　"空地一体化"自然保护区动态监测系统
　　　　　功能设计 ……………………………………… 110

第一章

Chapter 1

自然保护区标准化施工

第一节　项目概述

国道 G216 线富蕴至五彩湾项目穿越卡拉麦里山有蹄类野生动物自然保护区,该自然保护区是新疆有蹄类野生动物的主要活动区域,位于新疆维吾尔自治区奇台、吉木萨尔、阜康、富蕴、青河、福海六地境内,地处新疆北部准噶尔盆地古尔班通古特沙漠的东缘、乌伦古河以南、北塔山的西部、将军戈壁以北。目前保护区总面积为 14235.58 km^2,其中核心区 4894.09 km^2、缓冲区 5720.58 km^2、实验区 3620.91 km^2。保护区东部属砾石戈壁,中部属卡拉麦里山,西部属沙漠。卡拉麦里山为东西走向,南北宽 20~40km,一般海拔高度 1000m,相对高差不足 500m。北面为低山丘陵,坡度较缓,相对高差仅几十米。山岭以南为将军戈壁,个别地段形成沙丘。在保护区内拥有多种国家一级、二级保护动物和国家三级保护植物。

在花大气力固沙保护环境的同时,随着准东煤田的高速发展,一些高能耗、高污染企业制造的工业垃圾和生活垃圾对本就脆弱的自然环境造成极大破坏,带来生态危机。为减少对卡拉麦里山有蹄类野生动物自然保护区的扰动和破坏,国道 G216 线富蕴至五彩湾项目积极响应"绿水青山就是金山银山"的理念,全体建设人员秉持着空间合理利用、材料合理利用的原则,做到少占用土地、建筑弃方少排放以及筑路材料多元化。本着人与自然和谐发展,国道 G216 线富蕴至五彩湾项目建设过程中紧密结合空间布局、施工工艺、新材料应用和固废综合利用方面开展资源循环利用,包括利用路基做预制桥梁构件场区、弃方再利用和工业废渣再利用。项目整体做到施工与环境保护并重,保持良好的人与自然关系。

第二节　施工驻地标准化

一、项目部选址要求

项目部选址由项目经理负责组织相关人员,按照安全和管理要求进行调查。选址应满足安全和管理要求,可采取租用、修建临时房屋或两者相结合的形式。项目部确定选址方案后,提出书面申请,经新疆交通建设集团股份有限公司项目管理中心审核同意后实施。

1. 安全要求

(1)不受洪水、泥石流和大风威胁,避开塌方、落石、滑坡、危岩等危险地段。

(2)避开取土、弃土场地。不能搭建在红线范围内,项目经理部应离红线200m以上。严禁在高危、临边、悬崖、低洼、通道、涵洞等地搭建及安置办公住所,项目经理部办公和生活用房与施工机具停放场地应适当分开。

(3)与当地民居保持一定距离,避免扰民。避开高压线路及高大树木,与通信线路保持一定距离。

(4)必须离集中爆破区500m以上。

(5)项目办公生活区须采用封闭式管理,应有固定出入口,必须设置围墙和大门,出入口应设置专职的保卫人员,制定专门的管理制度。

(6)租赁地方房屋作为项目部的,租赁的房屋必须符合安全要求,房屋的面积必须达到办公要求。

(7)项目部要完善消防措施,配备必要的消防器材,每个功能区都必须按有关消防要求配置消防器材及设施。

(8)必须按照《建筑防雷设计规范》(GB 50057—2010)相关要求做好防雷、避雷设施。

2.管理要求

(1)项目部宜选在所管辖工程的中间位置,靠近施工现场,方便管理,周边环境安静,不受施工干扰。

(2)交通便利,尽量靠近公路,缩短引入线。

(3)通信方便,邮路便捷,满足办公的自动化要求。

二、项目部驻地建设

项目部按照投标文件有关承诺和《新疆维吾尔自治区公路施工标准化手册》有关要求,规范驻地建设。项目部驻地除了要有便利的交通条件、通电、通水、通电话外,还必须具备信息化办公管理条件。办公、生活用房应坚固、实用、美观、隔热通风,符合招标文件及施工管理要求。办公用房面积和办公家具必须满足规定要求。

1.项目部附属设施建设要求

项目部场地采用不低于20cm厚的C20混凝土进行硬化处理,房屋应进行基本装修,保证实用且经济。

项目部接入电线及电线布设必须符合《施工现场临时用电安全技术规范》(JGJ 46—2005)等相关规范要求,且设置独立的漏电开关。

排水设置:砖混结构墙体下部设0.5m高的墙裙,地面设散水,排水坡度≥3%。周围有排水沟,保证不积水,主排水沟尺寸≥40cm×40cm,沟底纵坡≥1%,过水涵直径≥

0.5cm;一般排水沟尺寸为25cm×25cm,沟底纵坡≥1%,过水涵直径≥30cm。所有排水沟必须采用砖砌或混凝土浇筑。

消防照明设施:步距10m范围内至少有一个干粉灭火器,有一个照明设备。

垃圾处理:办公室内应有分类垃圾筐,其尺寸≥30cm×30cm,有"可回收"和"不可回收"字样;垃圾池尺寸≥150cm×300cm×400cm;保洁员2人以上。

2. 项目部大门及围挡设置

项目部驻地房屋可采用活动板房或砖混结构自建用房,项目部区域应采用封闭式管理,设置围挡设施,设有独立的大门和安检入口,设置专职保卫人员,如图1-1所示;围挡长度可根据现场情况选择3000mm或6000mm,如图1-2、图1-3所示。

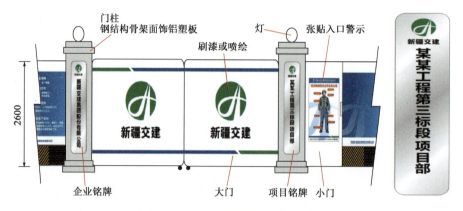

图1-1 大门效果图(尺寸单位:mm)

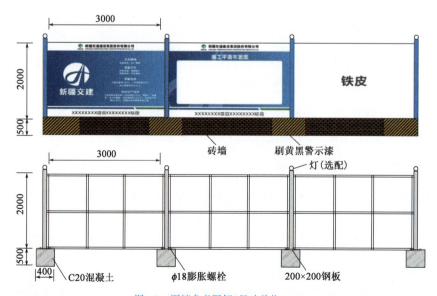

图1-2 围挡参考图例(尺寸单位:mm)

第一章 自然保护区标准化施工

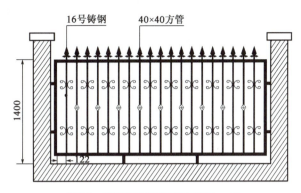

图1-3 铁艺围墙图例(尺寸单位:mm)

三、项目部办公区

区内场地及主要道路应做平整、硬化处理,排水设施完善,雨季不积水,庭院适当绿化,环境优美整洁。项目部公共场所应设置功能区平面示意图及指路导向牌。

办公区内设项目经理室、各业务部室和档案(资料)室、会议室等,如图1-4所示。各部室门口应挂设名称牌,如图1-5所示。项目经理室、各部室、会议室内管理图表均应装裱上墙。

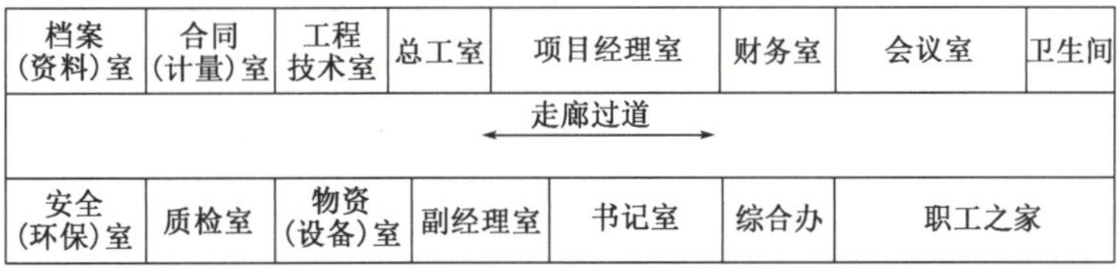

档案(资料)室	合同(计量)室	工程技术室	总工室	项目经理室	财务室	会议室	卫生间
			走廊过道				
安全(环保)室	质检室	物资(设备)室	副经理室	书记室	综合办	职工之家	

图1-4 租用楼房作办公室平面布置参考图

图1-5 部室门牌示意

项目经理部办公用房面积和办公家具应满足办公规范化的要求和合同约定。

办公区和生活区内必须配置必要的消防安全设施和消防安全标识,应设置垃圾池、沉淀池,有合理的分类(可回收、不可回收)垃圾箱,污水必须妥善处理、符合排放标准后方能排出,垃圾应定点堆放、及时处理,严禁乱扔乱弃。建立安全、卫生管理制度,落实专人维护和保洁。

(一)办公室

(1)条件允许时,各部门办公室应隔开。房间净空高度应控制在2.6m以上,房顶选用阻燃材料,房间地面硬化、门窗齐全、通风及照明良好、配备空调,墙面抹灰刷白。

(2)办公场所必须配备必要的办公设备,并排列整齐。

(3)室内必须将有关制度图表上墙,文件资料归档整齐。

(4)一般办公室可采用标准的防盗门或实木门,但财务等重要部门的办公室必须采用防盗门和防盗网。

(二)会议室

(1)会议室净空高度应控制在2.6m以上,房顶选用阻燃材料,房间地面硬化、门窗齐全,墙面抹灰刷白。

(2)会议室必须能够容纳不少于30人同时开会且面积不小于$60m^2$,应设置两个门,门向外开启,保证发生紧急情况时能及时疏散室内人员。

(3)会议室要求通风、隔音、照明良好,还必须设有防暑降温设备。

(4)会议室必须配备必要的会议桌、椅,非整体性的会议桌要铺桌布。会议室还必须配备投影仪、话筒等常用会议设施和$2m^2$以上的写字板。

(5)会议室上墙的管理图表应包括路线平纵面缩图、项目部组织机构框架图、质量自检体系框图、安全管理体系框图、危险源分布图、环保保证体系图表、工程进度横道图(柱状图)、网络图、工程管理曲线图、开展争先创优活动有关图表、项目管理方针和质量管理目标图表、晴雨表等,会议室不能全部悬挂的,可以装裱在紧靠会议室的其他显眼位置或各自职能办公室。

(三)档案(资料)室

(1)档案(资料)室面积应不小于$20m^2$,净空高度应控制在2.6m以上,房顶选用阻燃材料,房间地面硬化、门窗齐全,有必要的防盗防火设施,墙面抹灰刷白。

(2)所有档案资料宜保存在专用资料柜内,由专人负责收发。档案(资料)室内档案盒、档案袋,如图1-6~图1-8所示。

(3)根据已批复的工程划分,编制档案卷内目录,设置相应档案盒及标签,并事先上架。

(4)办公自动化要求:配备必要的信息化硬件,以满足施工信息收集、整理、传送的要求。办公室主要管理人员每人需配备一台计算机。

第一章 自然保护区标准化施工

材质：250g铜版纸、哑粉纸四色印刷
尺寸：根据实际张贴位置确定

图1-6　档案盒参考图样（1）

材质：250g铜版纸、哑粉纸四色印刷
尺寸：根据实际张贴位置确定

图1-7　档案盒参考图样（2）

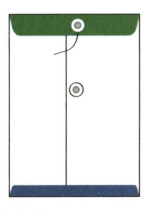

图1-8　档案袋参考图样

(四)生活用房具体要求

生活用房一般应设置宿舍、食堂、厕所、浴室等,项目部必须设置文体活动室及活动场地。

1. 宿舍

(1)宿舍建筑采用阻燃材料,搭建不宜超过2层,每组最多不超过10栋,组与组之间的距离不小于8m,栋与栋之间的距离不小于4m,层高不宜低于2.6m。在宿舍区中心位置设20m³消防水池一个;每栋应配备6~8个灭火器。每栋居住人数不超过100人,每间居住人数不宜超过8人,人均面积不小于3.5m²,门窗向外开启,门口及室内通道宽度不小于1.2m。

(2)保证每人单床(可上下),禁止设置通铺或采用钢管搭设上下铺;宿舍内床铺不得超过两层,床铺距离地面应高于0.3m,人均床铺面积不小于2m²,床铺间距不得小于0.5m。

(3)生活用品应放置整齐,有条件的每人可配置生活专业组合柜,宿舍严禁私拉乱接电线。

(4)宿舍内应挂设安全、卫生、防火管理制度及突发事件应急预案流程表,设专人负责。夏季应有消暑、防蚊虫叮咬措施,冬季应有保暖和防煤气中毒措施。

(5)宿舍内外环境应安全、卫生、清洁,室外应设带标识的垃圾箱,由专人清扫。

2. 食堂

(1)食堂面积按高峰人数的70%,人均1.5m²计算,有条件的应设置小包厢。位置距厕所、垃圾池等应不小于50m。净空高度不低于2.8m,地面铺贴瓷砖,保证不积水。锅台四周面、案板挨墙处贴白瓷砖,便于清洁。厨房与餐厅必须分隔。锅台上方必须设置抽风机、吸油烟机等整套排烟系统。

(2)食堂应制定卫生管理责任制度,炊事员(包括工作人员)应有健康证,工作时必须穿上工作服。

(3)食堂应配备必要的冷藏设施;燃气罐应单独设置存放间,存放间应通风良好,并严禁存放其他物品;炊具宜存放在封闭的橱柜内,处理生、熟食品的炊具分开;厨房配备有冰柜(箱)、消毒柜、纱窗、纱门、纱罩等卫生硬件设施,公共餐具必须消毒处理;生、熟食品分开储存;炉台、洗菜池、餐桌、地面等保持清洁;设置泔水桶,泔水桶摆放位置合适,能及时清理;食堂污水归集到独立的沉淀池处理。

(4)食堂内应设有防尘、蚊、蝇、鼠害设施,应设置隔离油池并及时清理。生活垃圾要装入容器,有专人管理及时清运。厨房应有防火设施。

(5)食堂必须保障供应符合卫生标准的饮用水,高温季节应有防暑降温措施,如提供绿豆汤、凉茶等。

3. 厕所

(1)必须分设男、女厕所,厕所数量按每 5 人不少于一个隔间的标准设置,厕所每个隔间面积不低于 $1.5m^2$。

(2)厕所必须是水冲式,可采用移动式厕所,应采用标准的多级排放措施,配置通风措施,采光良好且保持清洁。如采用蹲厕,每个蹲厕四面用 1.5m 高的砖墙或钢塑板隔离,并安装等高的门。厕所地面铺贴瓷砖,男厕所大、小便处分开,男小便处有条件的建议安装挂立式自动冲水小便池。厕所的污水不能乱排乱放,要设置密封的化粪池,定期清理。

(3)厕所应指定专人负责卫生工作,每天进行清扫、冲刷、消毒,防止蚊蝇滋生,化粪池应及时清掏,符合卫生要求。

4. 浴室

浴室应男女分开设置并隔离成多个单间,安装统一标准的门,墙、地面要铺贴瓷砖。浴室数量按每 8 人不少于一间的标准设置,浴室面积每间不低于 $1.5m^2$。浴室应采用节水龙头,冷热水能直接接入,且符合安全要求,让职工能按时洗浴。浴室应设置独立、封闭的沉淀池。

5. 活动(学习)室或职工之家

活动(学习)室或职工之家房间净空高度应控制在 2.6m 以上,面积不小于 $50m^2$。房顶选用阻燃材料,房间地面硬化、门窗齐全、通风及照明良好,墙面抹灰刷白。室内具备活动(学习)条件,设施良好,应悬挂各项活动(学习)制度图表,必须配备有电视机、乒乓球桌、报纸杂志栏等。

(五)警(门)卫岗亭

警(门)卫岗亭内应配备手电筒、哨子、自卫器材(橡皮棒),工地主要警(门)卫岗亭内还应安装电话分机,用于应急报警、应急联络;警(门)卫岗亭内应张挂"门卫管理制度""应急事件的工作顺序""报警救护电话牌"和"每月每周轮班名单"等文件;工地警(门)卫值勤时应着装制服或佩戴醒目的警卫标志;门牌尺寸为 30cm×10cm,采用户外写真 KT 板;门卫制度及紧急电话展示板尺寸为 45cm×60cm,采用户外写真 KT 板,如图 1-9 所示。

四、驻地和施工场地标识标牌

在施工期间,项目部或工地的显著位置应悬挂安全生产文明施工标牌,其中:驻地标识标牌设置遵照《新疆维吾尔自治区公路施工标准化手册 第一册 工地建设》附录 A 执行。

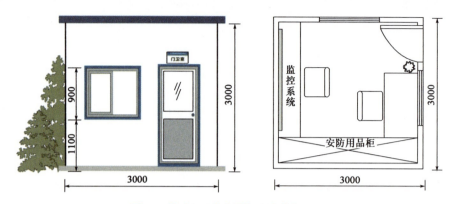

图 1-9　警(门)卫岗亭图样(尺寸单位:mm)

项目部门口旁设置采用防水喷绘或彩绘制作的施工告示牌和施工路线平面示意图版牌,其中,宣传栏、告示栏、施工告示牌、施工路线平面示意图版牌尺寸为 150cm×250cm。施工告示牌标明项目名称、标段号、起讫桩号、工期(含开工日期、交工日期)、施工单位名称、项目经理姓名及联系号码、总工姓名及联系号码、办公室值班联系人及电话、项目经理部举报电话、廉政举报电话以及业主的质量举报电话、廉政举报电话。施工路线平面示意图版牌标明起讫桩号、主要结构物和主要控制工程等情况。

施工现场必须设置"七牌一图",即企业标志牌、工程概况牌、管理人员名单及监督电话牌、消防保卫(防火责任)牌、安全生产制度牌、文明施工制度牌、环境保护制度牌和施工平面图,重点工程、大型施工作业面要设置与企业文化理念有关的宣传标语、彩旗,有完善的交通标志。"七牌一图"整体式尺寸为 240cm×120cm,如图 1-10 所示。

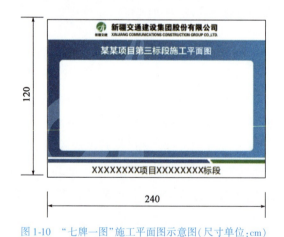

图 1-10　"七牌一图"施工平面图示意图(尺寸单位:cm)

1.各部室标识标牌

项目经理(总工)室:施工总体形象进度图、年度计划进度曲线和实际对比图、施工进度计划网络图、危险源分布图、重点分项工程的质量动态监控图、项目经理(总工)职责等。部分图表可以装裱在项目部的其他显眼位置。

工程技术部门:各个结构物的施工形象进度图、施工总体平面布置图及部门和人员职责等。

安全环保部门:安全保证体系、各级安全人员的岗位职责、危险源分布图等。

物资设备部门:材料物资的进货、检验、发放流程图,设备管理的动态图等。

计划合同部门:计量形象进度图、年度计划进度曲线图等。

其他部室:在明显位置悬挂工作职责。

2. 企业宣传和文明施工标识标牌

(1)标段两端或工程项目靠近邻近交通干道、城市、村镇人群密集点的醒目位置各选几处位置建彩门或明显的宣传版牌。项目经理部楼体、围墙、预制(拌和)场、主要施工点应设置或悬挂有企业精神、目标等标语以及创优质工程、安全生产及文明施工等为主要内容的宣传标语。工地使用布标尺寸为 1000cm×70cm,如图 1-11 所示;道旗尺寸为 50cm×150cm,如图 1-12 所示。

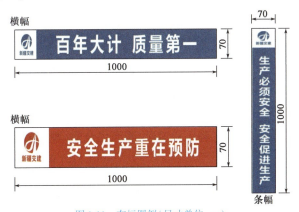

图 1-11　布标图例(尺寸单位:cm)

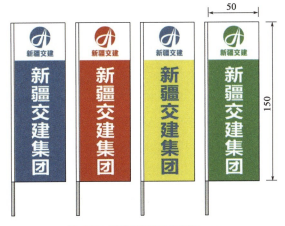

图 1-12　道旗图例(尺寸单位:cm)

应设置安全警示镜,主题采用不锈钢加工,画面为户外车贴240cm×120cm,镜子厚度5mm,放置于施工现场入口处,如图1-13所示。

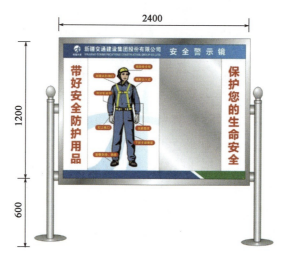

图1-13　安全警示镜(尺寸单位:mm)

(2)项目部悬挂国旗和企业旗项,选用三号旗,尺寸为1920mm×1280mm;旗杆采用不锈钢材料制作,旗杆长度为7000~8000mm,如图1-14所示。

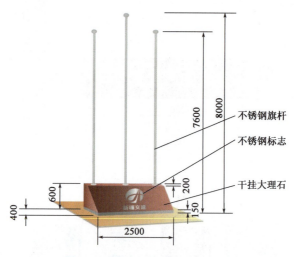

图1-14　国旗台图例(尺寸单位:mm)

(3)全线所有管理人员和特种作业人员须佩戴胸卡。胸卡采用硬质PVC(聚氯乙烯)板做成,外套透明塑料卡套,如图1-15所示。管理人员胸卡上面标注企业名称、项目名称、标段号、姓名、部门、职务编号等,并有本人2寸照片。特种作业人员胸卡上面标注企业名称、项目名称、标段号、姓名、部门、职务、编号等,并有本人2寸照片。胸卡背面为新疆交建企业标志。

第一章 自然保护区标准化施工

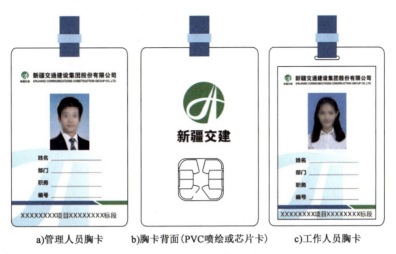

a)管理人员胸卡　　b)胸卡背面(PVC喷绘或芯片卡)　　c)工作人员胸卡

图 1-15　胸卡图例

（4）现场各种防火、防电、防高空坠落等安全标志牌按照规范及上级有关规定统一制作，悬挂于工地相应场所的醒目位置。

（5）现场的周转材料、半成品材料的堆放，严格按照有关材料堆放的规定执行，并按照材料规格、计量单位、材料来源、炉号（批号）、质量状况进行标识。

第三节　厂站建设标准化

一、概述

水稳、沥青拌和站是路面工程施工的重要组成部分，混合料拌和效率是路面施工进度的重要因素。为提高后期施工效率，节约成本，保证工期，拌和站前期的整体施工规划对项目至关重要。本章结合国道 G216 线富蕴至五彩湾项目（简称五富项目）具体情况，对厂站的整体施工规划进行总结介绍。

本项目线路较长，且施工气候、水文、地质等条件特殊，为充分考虑工程总体施工工期以及混合料运输方便快捷等因素，各标段根据各方实际生产需求进行拌和站的建设，优化资源设置，合理安排施工，以总体施工进度计划为控制目标，确保工程项目的质量、进度、安全、环保等各方面要求。以下为本项目各厂站建设总体情况：

本项目全线 8 个标段分别建设 10 余套 LB600 型以上的水稳拌和站、LB3000 型以上的沥青拌和站，充分保证拌和站拌和能力满足现场摊铺需求量。

本项目为提高沥青试验工作效率，保证进场沥青质量，建立了沥青检测站，对本项目所有进场沥青进行集中统一管理，严格把控原材料质量关。

下面以五富项目各标段水稳拌和站、沥青拌和站建设为例,进行厂站建设说明。

二、水稳拌和站建设

(一)水稳拌和站选址及规划

1. 水稳拌和站选址

五富项目×标段水稳拌和站位于主线右侧。该位置地势平坦,交通便利,水稳拌和站占地65亩,站内划分如图1-16所示。

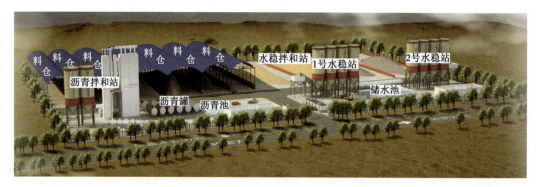

图1-16 水稳拌和站规划鸟瞰图

根据生产需求每套水稳拌和站配备备用发电机,确保拌和站有可靠的电源使用。在拌和站设立安全操作规程和警示标志牌。

2. 水稳拌和站规划

(1)采用封闭式管理,场地四周设置隔离栅围挡,整齐美观。

(2)水稳拌和站布局充分利用既有临时征地的特点和现有设施情况,充分考虑施工生产情况。

(3)拌和站计量系统按《沥青混合料和水泥混凝土搅拌设备计量系统检定规程》进行标定。

(4)拌和站内配备消防设施,并按照相关行业主管部门颁布的相关文件规定办理。

(5)拌和站内设置沉淀池和污水过滤池,尽量减少对附近生态环境造成的影响。

(二)水稳拌和站建设施工

进场后对拌和站场地进行测量,整理测量数据,进行整个场地的初步规划布置,具体施工方法及要求如下。

1. 场地平整及压实、初步硬化

场地地质较好,均为砾石土,采用推土机平整场地,场地清理平整完成后,进行全面碾压,按照区域规划进行场地初步硬化。

拌和站场地中,料仓与拌和机之间、生活区及办公区采用厚度不小于 15cm 的 C25 混凝土进行硬化处理;拌和站行车道路硬化采用 20cm 厚的 C25 混凝土进行硬化处理,道路宽度为 7m。

2. 拌和作业区的设置

(1)根据工程量情况及进度计划要求,在拌和站配置 2 台拌和机(图 1-17)。设备具备自动计量功能,设自动计量补水器加水。

图 1-17　水稳拌和作业区设置

(2)拌和机占地长 60m,宽 20m,占地面积为 1200m^2。

(3)拌和站钢筋混凝土基础施工严格按照厂家提供的拌和机基础图进行,基础入地深度不小于 2m,基底位于风化岩层上,按照图纸绑扎钢筋网后浇筑 C25 混凝土。基础施工时在拌和机支腿与基础各衔接点及支撑点位置安放预埋铁,安装设备时与设备衔接牢固。

(4)拌和机配置 4 个集料仓、2 个水泥储料罐(单个最大可容纳水泥 60t)。

(5)水泥储料罐基础施工:水泥罐基础下挖 2.0m,地质较好,基底坚实,承载力不低于 250kPa。再立模、安装上下两层钢筋网,浇筑 C25 混凝土。安装水泥罐,罐体直径为 2.88m,仓筒高 9m,支腿邻边间距为 3m,支腿高 1m;单个罐自重 6.0t。每个水泥罐基础平面尺寸为 3m×3m,同时将所有水泥罐的基础连成整体,厚度为 1.5m,并预埋地脚螺栓和支撑钢板。基础顶面平整度误差控制在 ±2mm 以内。基础高出自然地面的高度大于 150mm,基础周围硬化,排水顺畅,严禁积水。

(6)主机基础施工:按基础图尺寸立模、安装上下两层钢筋网,浇筑 C25 混凝土,并预埋地脚螺栓。主机每个支腿基础平面尺寸为 1m×1m,厚度为 1.0m。

(7)罐体及拌和机安装:待基础混凝土达到设计强度后进行拌和机安装。罐体和拌和机采用 25t 起重机,安排吊装经验丰富的起重机操作手和指挥人员进行吊装。起重机支腿稳固,起吊平稳,安装位置准确,检查罐体和拌和机竖直度,满足要求后连接加固各部件。采用型钢将各罐体连接成整体,罐体四个方向安装缆风绳,罐顶设置避雷针,下部连接接地体。罐体统一喷涂颜色,醒目位置绘制项目名称、施工单位简称。

(8)拌和机安装完成后,对拌和区域进行统一硬化,确保场地排水顺畅,不积水。

3. 集料储料区的设置

(1)在每区醒目位置设置材料标识牌,各区采用厚度为30cm的C25混凝土作为隔墙,隔墙高2.5m,确保隔离墙坚固不串料。料仓基础埋深不小于100cm,宽度不小于50cm。储料区排列与拌和站配料机的排列平行一致,中间预留30m的空间,方便装载机上料。前后均不设置隔墙,方便原材料倒运,如图1-18、图1-19所示。

图1-18 装载机上料

图1-19 自卸车装料

(2)拌和站储料区采用15cm厚的C25混凝土进行硬化处理。料场底高程高于外部地面,向外顺坡坡度不小于3%,并在料场口设排水沟,防止料场积水。

(3)按四档规格集料将集料储存区分隔成4个储料仓,分别储存0~5mm、5~10mm、20~30mm及10~20mm规格的集料。

(4)集料堆放地点应固定和标识明确,标明材料名称、规格等。

4.场区内交通设置

场内运输道路宽度为6m,场区便道采用15cm厚的C20水泥混凝土进行硬化处理,如图1-20所示。

图1-20　场区运输道路

5.拌和站用水设置

某处水稳综合站处用水,采用泵送水渠中雪山融水,以满足施工用水要求,场内污水采用开挖排水沟的方式引出场外;某处水稳站用水,采用水车运输铁路水井中水,场内污水采用开挖排水沟的方式引出场外。

6.拌和站用电设置

某处水稳综合站用电从附近梁板预制场处变压器架杆引入场内变压器,场内采用地埋管线引至搅拌楼等处;某处水稳站用电从附近35kV高压线经两次变压引入场内变压器,场内采用地埋管线引至搅拌楼等处。

7.其他布置

(1)办公区、生活区统一与水稳拌和站办公区、生活区共用。

(2)场内标识、标牌统一制作,设置明确,清晰醒目。在拌和主楼操控室和机械操控室内,贴挂安全操作规程;在拌和场相应位置设置安全警示标志,并悬挂安全、生产标语。

(3)作业平台、储料仓、成品仓、水泥罐等涉及人身安全的部位设置安全防护设施。传动系统裸露的部位设置防护装置和安全检修保护装置。

(三)安全防护和保障措施

(1)坚持"安全第一,预防为主,综合治理"的方针,明确安全目标,成立安全管理组织,并配备专职安全检查人员,坚持安全交底、持证上岗制度,组织经常性的安全检查,创建安全标准工地建设,最终实现安全目标。所有特种作业人员和机械操作人员持证上岗。对施工人员进行技术和安全交底,做好岗前安全培训和技术交底工作,并进行安全培训教育。

(2)做好安装及设计图纸会审、设计交底和技术交底。严格按照安装图纸进行安装。

(3)施工过程中坚持自检和专业检查相结合的互检制度,发现问题及时解决。

(4)施工过程中,必须明确施工人员分工和职责。在整个吊装过程中,要切实听从命令,服从指挥,不得擅自离开工作岗位。在吊装作业中,应有统一的指挥信号,各操作岗位应协调动作,起重工要持证上岗。站内运行车辆和机械运行速度不得超过 15km/h。

(5)登高作业人员要佩戴安全带,并系挂在安全可靠的物体上。

(6)拌和站现场严禁非工作人员进入,严禁酒后上岗。一切工作人员进入施工现场必须佩戴安全帽。操控室内悬挂搅拌机安全操作规程。

(7)施工现场及临时设施内按规定布置防火设施,配置消防灭火工具,灭火器、消防砂、铁桶和铁锹手锤等,并落实相关责任人管理。

(四)文明施工

按照文明施工相关要求进行作业,保护周围生态环境,采取以下文明施工措施:

(1)施工现场场地应用围墙封闭,场内设备、机具、材料、仓库、办公室、消防设施等,应根据施工总体布置合理布局,材料分类堆放规整,车辆停放整齐,如图 1-21 所示。

图 1-21　文明施工

（2）拌和站设置公告牌，注明标段名称、施工单位、承建里程、项目责任人等。材料堆放区悬挂材料标识牌，拌和机操控室悬挂配合比牌、安全操作规程牌，并在场内布置必要的横幅、彩旗、口号、图板及宣传栏，标识标牌制作统一，安放悬挂位置醒目，如图1-22所示。

图1-22 拌和站公告牌设置

（3）在拌和站内适当位置设置装载机、拌和机、临时用电等安全操作规程。

（4）在拌和机操作室外醒目位置悬挂混凝土配合比牌。

（5）水泥罐、沥青罐、储料仓、库房等处均要设置原材料标识牌。标识牌应包括以下内容：材料名称、产地、规格型号、生产日期、生产批号、进场日期、检验状态、检验单编号、进场数量、使用单位等。

（6）各个配料斗上设置标识牌。标识牌包括以下内容：配料斗名称、规格型号。

（7）施工现场内道路平整畅通，排水系统功能良好，有人员经过的沟、井、坑均加盖设防和设置安全防护标志或回填整平。

（8）所有施工管理人员和操作人员挂牌上岗。

（9）严格按技术规范、安全生产规程要求施工，坚决杜绝违章施工、野蛮施工的事故发生。

（10）泥土、砂石、施工废料等严禁乱扔乱倒，应运至弃渣场。

（五）临时用电

拌和站用电向供电局申请安装一台800kV变压器，从就近高压线杆上接入拌和站，在拌和站西北侧设立变压器、配电箱。采用三相交流电，从变压器出来的低压用电线路全部埋于地下，设置三级漏电保护，在配电室、分配电箱和开关箱分别设置漏电保护器，确保用电安全，如图1-23所示。临时用电要做到以下几个方面。

（1）现场临时用电符合"三级配电两级保护"，达到"一机、一闸、一漏、一箱"要求。电箱设置、线路敷设、接零保护、接地装置、电气连接、漏电保护等配电装置符合规范要求。

图 1-23　拌和站配电房设置

(2) 生活及照明用电与生产用电严格区分,分开安装,严禁混用。用电线路由持有电工证的专业人员进行布线。沿场地周边布线,采用架空、过路保护等措施,保证施工和用电安全。严禁非专业人员对用电线路进行改造、移位、拆接等工作。

(3) 电工定期检查各用电线路的漏电保护器、接地装置、保护装置是否处于完好状态,各用电线路是否异常,接头是否松动,检查电机、线路及配电柜中的各开关及保护装置是否有故障,发现问题及时处理,消除安全隐患,不得拖延。操作员及其他人员发现电路故障时,切断电源,等待电工处理。

三、沥青拌和站建设

(一) 沥青拌和站选址及规划

1. 沥青拌和站选址

五富项目某标段沥青拌和站位于线路右侧某处,该处地势较平缓,紧靠某省道,交通便利。沥青拌和站混合料供应里程如表 1-1 所示。

拌和站供应里程表　　　　表 1-1

拌和站名称	对应里程	供应里程起点	供应里程终点
沥青拌和站	××××	×××	×××

2. 沥青拌和站规划

(1) 拌和站根据实际地形情况集中布置,采用封闭式管理,如图 1-24 所示。

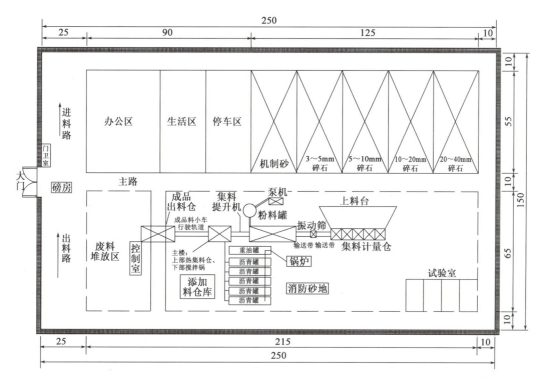

图1-24 沥青拌和站总体布置图(尺寸单位:m)

(2)拌和站总面积为38400m²(240m×160m),建LB3000型及LB4000型拌和机各一套,以供施工需要,分为办公区、生活区、拌和作业区、材料库及停车区,共5个功能区,如图1-25所示。其中生活区、办公区面积为530m²,材料库面积为6000m²(含料仓及沥青储存池),停车区面积为850m²。

图1-25 沥青拌和站

(二)沥青拌和站建设施工

1. 拌和站场地建设

(1)场地先用装载机进行初平,然后用平地机进行精平,待平整过后洒水碾压,压实度达到90%。

(2)拌和站场地采用厚度不小于15cm的C20混凝土进行硬化处理;拌和站行车道路采用20cm厚的C25混凝土进行硬化处理。

(3)场地硬化按照北高、南低的原则进行,面层排水坡度为2%,场地四周设置排水沟,排水沟尺寸为10cm×10cm,保证施工用水及生活用水顺利排放。

(4)在场地外侧设置污水处理池,严禁将站内生产及生活废水直接排放。在两拌和机之间设置半径为16m、深度为4~6m的沥青储存池,以供拌制沥青混凝土时使用。

2. 拌和作业区建设

(1)拌和机采用LB4000型及LB3000型间歇式沥青混凝土搅拌设备各一套,配备计算机及打印设备各一套,拌和机额定生产能力分别为320t/h、240t/h,如图1-26所示。

图1-26 拌和机

(2)两套拌和机分别配置6个配料机,集料经输送带进入搅拌缸烘干筒。其中相邻进料仓间设置高度为50cm的隔板。

(3)每套拌和机配置沥青储存罐4个(容重40t/m^3)、1个粉料仓,其中沥青罐安装强力搅拌循环装置。

(4)每套拌和机配备二次除尘设备一套,一级除尘选用旋风除尘器,二级除尘选用布袋除尘,防止扬尘飞散。

3. 拌和机基础设置

拌和机基础采用埋入式钢筋混凝土基础,按照厂家提供的拌和机基础图进行施工。根据设备的基础布置图进行放样、测定、验算各个部位的地基承载力;在拌和楼主机、粉料罐、干燥筒等部位测得地基承载力分别为 320kPa、300kPa、320kPa，均满足设备安设要求。拌和楼基础、烘干筒基础、粉料仓基础、集料提升机基础、粉料提升机基础埋入地下深度不小于 2m；按钢筋构造图绑扎基础钢筋，再浇筑 C25 混凝土，振捣密实。浇筑混凝土前基础内预埋和安放拌和机与基础各衔接点及支撑点的预埋件，如图 1-27 所示。其中，搅拌主楼基础：每排支腿基础平面尺寸为 3.6m×1.5m；烘干筒基础：平面尺寸为 4.5m×1.5m；粉料仓基础：直径为 3.2m；集料、粉料提升机基础：平面尺寸为 3.05m×2.5m。

图 1-27　基础缆绳固定

4. 拌和设备的吊装

吊装作业时由主管安全生产的项目副经理担任安装施工的总指挥，项目总工负责技术方案、应急预案的实施，安全负责人承担施工安全防护工作。由专业吊装队伍负责该项施工内容，以确保拌和主机、矿粉罐的架设安全和质量。

正式起吊前须经过试吊。试吊时检查起重机支腿牢固程度，钢丝绳套受力均匀程度，拌和主机、罐体吊装起升状态时的水平程度，起重机负荷分配程度。检查各项确无问题后方可正式起吊。吊装期间要对绳扣经常进行外观检查，如发现有以下情况的绳扣应立即报废：

(1) 绳扣有三根以上断丝聚集在一起的，应立即作废；

(2) 出现整股绳断股时，应立即作废；

(3) 钢丝绳出现深坑、钢丝之间出现松弛，应作废；

(4) 严重扭死结的钢丝绳应立即作废。

超出以上荷载范围的吊装必须报项目部技术人员验算确定，任何人不得超负荷使用索具及起重机。吊装作业指挥由专职人员负责，统一协调，统一部署。吊装作业采取围挡封闭施工，所有作业人员佩戴安全帽，遇恶劣天气暂停吊装。

5. 集料储料区建设

(1) 拌和站东西走向，按集料的 6 档规格将集料储料区分隔成 6 个储料仓，分别储存 20~30mm 碎石、15~20mm 碎石、10~15mm 碎石、5~10mm 碎石、3~5mm 碎石、机制砂，储料仓总面积为 130m×40m=5200m^2。

(2) 在每区醒目位置设置材料标识牌，标牌内容包括材料名称、产地、集料规格、数量、进料时间、检验状态、试验报告号、检验批次等。材料进场由试验人员与物质管理人员登记、检测、签收，注明材料品种、来源、规格、数量、用途、日期、存放场地、编号及收料人与送料人姓名,其他说明等。

(3)集料储料各区采用厚度为30cm的C20混凝土作为隔墙,隔墙高2.4m,确保隔离墙坚固不串料。碎石储料区走向与拌和站配料机的排列平行一致,并预留足够空间,方便装载机上料。集料宜采用装载机或自卸车斜坡式分层堆料(堆料形状为迎卸料面坡度不大于3∶1的三角形)。严禁从圆锥体顶端往下溜堆,防止堆料过程中的离析。如图1-28所示。

(4)储料仓上方架设轻型钢结构顶棚,避免阳光直射和雨水侵蚀,钢结构净高为9m。

(5)集料堆放地点应固定且标识明确,标示牌应标明材料名称、品种、进场日期等,如图1-29所示。

图1-28　集料储料区　　　　　　　图1-29　原材料标示牌

(6)两套拌和楼之间修建一个平均深度为5m、直径为16m的圆形沥青池,可容纳约4000t沥青。沥青池四周砌筑37cm厚的砖墙,并高出原地面1m,沥青池底部浇筑5cm厚的C20混凝土,顶部采用彩钢板进行覆盖,如图1-30所示。

图1-30　沥青池

6. 工地试验室、生活区、停车场建设

生活区拟建房屋16间,采用厢式活动板房,占地总面积为530m²。停车场位于生活区北侧,平行布设,占地面积为850m²,所有施工机械统一停放,停车位划白线标示。厂区的机械实行统一管理,集中调配,最大限度地满足施工需要;办公试验区房屋采用自建活动板房,配备必要的办公设施,为工程技术、试验、物资设备等部门的人员提供现场办公条件;面层工区管理、技术及作业人员在生活区统一住宿,便于沥青路面作业的组织与调配。

7. 场区内道路建设

利用现有大门进入场区,场内双向通行道路宽度为8m,单向通行道路为4m。

8. 沥青拌和站用水设置

拌和站施工及生活用水来自当地自来水厂,施工时从混凝土拌和站接口处埋地接入沥青拌和站场区内。

9. 沥青拌和站用电设置

拌和站内安装一台1000kVA变压器,经测算能满足一台LB3000型沥青拌和站以及LB3000型混凝土拌和站同时使用,拟在LB4000型拌和站附近增设一台1000kVA变压器,从当地供电局的商办线92号接入拌和站,电线共长1624m,其中架空线长度为1522m,埋地长度为102m。在拌和楼旁边设置配电箱,采用三相交流电,与变压器连接的低压用电线路全部埋于地下或采用线杆架空,设置三级漏电保护,在配电室、分配电箱和开关箱分别设置漏电保护器,确保用电安全。变压器及配电房均采用砖砌结构,周围设立醒目的安全警示标志。

10. 其他建设

(1)在拌和站北侧修建3m×3m×2m的排污池,场内排水设施设置在场区道路旁,雨水、生活用水及施工用水经排水沟汇集到排污池内。

(2)在拌和站沥青池附近修建消防砂池,门卫室门口和拌和站控制室外放置消防灭火设施,如图1-31所示。

(3)场内标识、标牌统一制作,设置明确,清晰醒目。在拌和主楼操控室和机械操控室内,贴挂安全操作规程,如图1-32所示;在拌和场相应位置设置安全警示标志,并悬挂安全、生产标语。

(4)作业平台、储料仓、集料仓、粉料罐等涉及人身安全的部位设置全防护设施。传动系统裸露的部位设置防护装置和安全检修保护装置。

图 1-31　消防砂池

图 1-32　贴挂安全操作规程

(三)安全防护和保障措施

始终坚持将安全生产放在第一位,贯彻"安全第一,预防为主,综合治理"的方针。做到人人心中有安全意识,时时注意安全操作。切实认真执行有关安全生产、文明施工的规章制度,加强对安全生产、文明施工的检查,使管理工作标准化、规范化,具体要求如下:

(1)施工前应对所有进场人员进行安全技术交底。

(2)施工时施工人员必须佩戴安全防护用品,如安全帽、安全带、眼镜等;施工人员必须持证上岗,杜绝无证上岗、违规操作现象。

(3)施工时应加强对大型机械的管理,对驾驶人员、操作人员进行专项安全知识培训。

(4)尽量缩短夜间施工时间,保证夜间施工人员有足够的睡眠,避免作业人员出现疲劳状态从而引发质量、安全事故。加强夜间施工照明,保证现场有足够的照明。

(5)加强现场各部位的安全用电检查,避免发生各类触电及火灾事故。

(6)施工现场设安全标识牌,危险作业区悬挂醒目警示牌。

(四)文明施工

文明施工是企业管理水平的标志。为争创文明施工企业,执行文明施工条例,搞好本工程的文明施工,项目部采取以下文明施工措施:

(1)建立以项目副经理为组长,各部门、班组负责人参加的文明施工管理组织。拌和站项目副经理是文明施工的第一责任人,全面负责整个施工现场的文明施工管理工作。各部门、班组负责人分别负责本部门、班组的文明施工工作。

(2)加强职工文明施工素质教育,加强职工的精神文明教育,认真学习国家的法律法规。

(3)施工现场设备、机具、材料、仓库、办公室、生活区、食堂、厕所、消防设施等,根据施工总体布置合理布局,井然有序,并布置必要的横幅、彩旗、口号、简介图板及宣传栏。

(4)对路面结构混合料拌和场、材料堆场进行清理、整平、硬化。

(5)严格按技术规范、安全生产要求施工,坚决杜绝违章施工、野蛮施工的事故发生。

(6)泥土、砂石、施工废料等严禁乱扔乱倒,违者调离施工现场,并对其施以经济处罚。

(7)在拌和站内醒目位置悬挂"八牌一图",一字排开,包括工程概况牌、管理人员名单及监督电话牌、质量保证牌、安全生产牌、消防保卫牌、文明施工牌、风险告知牌、安全警示牌、施工现场布置图,如图1-33所示。

图1-33 悬挂"八牌一图"

(8)在拌和站内适当位置设置装载机、拌和机、临时用电等安全操作规程。

(9)拌和机操作室外醒目位置悬挂混凝土配合比牌。

(10)水泥罐、沥青罐、储料仓、库房等处均要设置原材料标识牌。标识牌应包括以下内容:材料名称、产地、规格型号、生产日期、生产批号、进场日期、检验状态、检验单编号、进场数量、使用单位等。各个配料斗上设置标识牌。标识牌包括以下内容:配料斗名称、规格型号。

(11)根据拌和站实际需要设置其他警示牌。

(12)拌和站内各功能区在明显位置设置防火设施。

(五)临时用电

(1)应编制临时用电施工组织设计,确定电源进线、总配电箱、分配电箱的位置及线路定向,进行负荷计算,选择变压器容量和导线截面,制定安全用电技术措施和电气防火措施。经相关部门审核及技术负责人批准后实施。

(2)应严格按照施工用电专项组织设计与施工现场平面布置进行架设和管理电线。动力和照明用电线必须分开架设。

(3)沥青拌和站配电室(图1-34)、变压器等固定电力设备均设安全防护屏障或网栅网栏,高度不低于2.5m,并设置明显的禁止、警告标志。

图1-34　沥青拌和站配电室

(4)施工现场临时用电应符合现行《建筑与市政工程施工现场临时用电安全技术标准》(JGJ/T 46)的规定。工程用电的电源中性点直接接地的220/380V低压电力系统,必须采用TN-S接零保护系统,并做到"三级配电两级保护"和"一机一箱一闸一漏"。

(5)电力作业人员必须持证上岗,按规定正确穿戴、使用劳动保护用品。

(6)配电箱内多路配电应有标记,配电箱应有门、有锁、有防雨措施,铁壳开关箱必须接地。所有电气设备必须完整,无破损,性能良好。必须使用安装带有触电保护器的插座。触电保护器应定期试验,确保性能可靠。严禁使用铜丝、铁丝等金属代替保险丝。严禁在一个开关上连接多台电气设备。

(7)夜间施工时,现场应设有满足施工安全要求的照明设施。

四、环境保护措施

1. 大气环境的保护措施

(1)对易产生粉尘、扬尘的作业面和装卸、运输工程,制定操作规程和洒水降尘制度,以控制扬尘。

(2)拌和站、沥青检测站和料场应设防尘设施且其厂址、燃油料的仓库应位于人口稀少、自然通风、远离河流的平坦地方,以减少对居民区的大气污染和水质污染,并设置防火急救设施,如图1-35所示。

图1-35 拌和站消防箱及灭火器设置

(3)严禁在施工现场焚烧任何废弃物和会产生有毒有害气体、烟尘、臭气的物质等。

(4)施工便道应经常洒水保持湿润,避免过往车辆扬尘而影响周围农作物的正常生长。

(5)生活营地使用清洁能源,炉灶应符合烟尘排放标准。

2. 噪声环境的保护措施

严格执行《工业企业噪声控制设计规范》(GB/T 50087—2013),控制和降低施工机械和运输车辆造成的噪声污染。出入村庄附近的机械及车辆做到不鸣笛、不紧急制动,安全行驶。集中拌和站必要时使用降噪围墙。设备选型优先考虑低噪声产品,机械设备合理布置,正确安装、固定,减少阻力及冲击振动。紧密安排工程工序,对产生噪声或强音的工序严格安排在白天施工。在靠近村镇及居民区附近的工点,尽可能减少夜间施工,减少噪声干扰。

3. 水土保持的保证措施

(1)保护生态,做好水土保持工作,实行"三同时"制度,即必须与主体工程同时设计、同时施工、同时投入使用,加强对施工人员水土保持的教育管理,严格遵守《中华人民共和国水土保持法实施条例》及地方政府有关法规、规章。

(2)建立水土保持管理机构,配置专职水土保持员,建立健全水土保持体系,坚持"预防为主,综合防治,全面规划"原则,抓住实际工程水土保持工作重点,有针对性地采取措施,确保水源不被污染。

(3)施工前,邀请当地水土保持主管部门共同对沿线水文、地质情况进行调查,共同研究制订出可行的水土保持方案,并制订出详细的水土保持施工措施。

(4)施工中严格按照设计方案施工,尽量减少植被破坏,废弃的石、土必须运至规定的弃土场堆放,做好挡护和绿化。工程竣工后,对弃土场、生活用地及施工便道等,按照当地水土保持主管部门的要求进行复耕或绿化,同时修建好排水系统,防止水土流失。

(5)施工中需砍伐、迁移的树木、花卉、绿地,施工完毕后尽量予以还建,恢复原环境。拌和站采用严格有效的降水措施,以避免拌和站货物对地下水造成污染,尽量保持原水文地质条件。

第四节 施工便道(便桥)标准化

一、一般要求

(1)倡导工程开工前实行严格的田路分隔方式,最大限度地减少外界对施工的干扰,并有效地防止施工队对周围环境及农田基本建设的影响。

(2)按环评报告和水保方案要求,结合地方水务等部门意见设置施工便道、便桥。

(3)便道、便桥应执行"设计→审批→施工→验收→使用"的程序。

(4)施工便道应一次规划完成,不得随意开挖临时便道。尽量减少路堤上下坡道口设置数量,设置位置尽量避开高填方地段。

(5)施工便道分为纵向便道和横向便道,要充分结合地方道路设置,并设置错车位。要注意保护便道临时占地的植被,尽量减少生态破坏。

(6)施工纵向便道要靠近本合同段各主要工点,横向便道以直达用料地点为原则,避免二次倒运。

（7）便道干线尽量不占用路基，以减少施工与运输相互干扰。

（8）要严格控制便道的最大纵坡。在山区急转弯、陡坡等地段的施工便道外侧要设置钢管护栏防撞墩，急弯处设置凸镜等，并设警告、警示等标志；在道路交叉口要设置警告、警示、限速等标志。

（9）施工期间应经常对便道（便桥）进行维护保养，做到雨天不泥泞，晴天不扬尘，便道平整，便桥稳固。

（10）施工结束后，自行拆除施工便桥、便道，做好复垦、河道清理及垃圾处理等工作。

二、施工便道（便桥）建设

1. 施工便道

（1）施工便道路面宽度应不小于4m，最小转弯半径应不小20m，最大纵坡应不大于13%，每隔不大于300m的距离设置1处错车道。错车道路面宽度应不小于6.5m，长度应不小于20m。

（2）施工便道路面应采用厚度不小于20cm的砂石或泥结碎石等材料硬化，便道必须设置横向排水坡，如图1-36所示。山区施工便道可视地质情况进行硬化。山区盘山施工便道要做成向内的横坡，并在山体一侧设置排水沟。

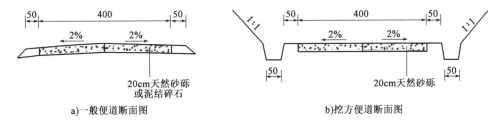

图1-36 横向排水坡（尺寸单位：mm）
注：可根据施工现场实际情况选择横坡形式及排水沟位置。

（3）施工便道应设置排水沟，沟底宽度和深度应不小于50cm，保证排水畅通。

（4）施工便道路面应保持平整、直顺、美观，路况完好，无坑洼、落石、淤泥，不积水。

（5）便道经过水沟地段，要埋置钢筋混凝土圆管或设置过水路面，做到排水畅通。

（6）各场（站、区）、重点工程施工等大型作业区，厂站大门外便道（至少50m长）应进行硬化，标准为：C20混凝土，厚度≥20cm，设砾石垫层并碾压密实。

2. 施工便桥

（1）便桥结构按照实际情况专门设计，满足排洪要求。便桥桥面宽度应不小于4.5m。

（2）为防止水流冲刷，桥台上游回填部分要有防护措施。

(3)桥面高度不低于上年最高洪水位。

三、安全生产

(1)便道路口处设置提醒、限速标志;施工便道与建筑物、等级道路等转弯处设置警示装置或可视镜;跨越(临近)道路施工处设置警告标志;山区急转弯、陡坡、与乡村道路平交处设置警示标志;易塌方、滚石等危险地段设置"危险地段,注意安全"等警告标牌。

(2)在施工现场(站)区、办公区、生活区等入口处应设限速标志和减速带。在场区拐弯处设置拐弯、急弯指向标志,必要时设置防撞墩、防撞柱等防护措施。

(3)在跨越河道便桥上,要设置限高、限速、限重标志。便桥两侧设置防坠落护栏,桥头设置超限警示牌,桥面设高度不低于1.2m的栏杆,并设置高度不低于20cm的挡脚板(挡脚栏杆),栏杆统一涂10cm长、红白相间颜色。较长施工便桥两端按规定设置错车道。

(4)工程完工后,施工单位应将施工便道及便桥予以拆除。当地部门要求保留时,要与相关部门签订协议,否则应予以复耕或对河道进行清理。

(5)当便道有社会车辆通行且便道与构造物距离不超过5m时,构造物施工现场应用彩板围栏或其他金属围栏进行封闭,并设置必要的警示标志。

(6)沿新建高速公路桩号递增方向,在便道外侧路肩处用GPS定位确定百米桩、里程桩的位置,将百米桩、里程桩垂直于便道安装牢固。百米桩每100m设一个,宜采用C25混凝土预制或玻璃钢材质,百米桩地面以上部分颜色为白色,百米桩上四面喷涂其相应的阿拉伯数字,字体高度为80mm,字体采用红色。里程桩每1000m设一个,采用镀锌方管铁皮,尺寸为700mm×500mm,离地高度为500mm。里程桩形式,如图1-37所示。在便桥桥头前进方向右侧设置便桥标识牌和限速、限载标志牌。

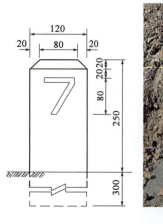
a)百米桩图例

b)里程桩图例

图1-37 里程桩形式(尺寸单位:mm)

四、施工便道(便桥)样板

施工便道(便桥)样板如图 1-38、图 1-39 所示。

a)便桥一

b)便桥二

c)便桥三

d)便桥四

图 1-38　施工便桥

a)便道一

b)便道二

图 1-39　施工便道

第二章 Chapter 2

资源循环再利用

第一节 利用路基作为预制桥梁构件场区关键技术

G216线克孜勒克日什至喀木斯特段公路工程KK-1标段路线位于新疆维吾尔自治区北部阿勒泰地区富蕴县境内,是新疆维吾尔自治区交通运输"十二五"规划"57712"工程"五横七纵"高等级公路网中"第一纵"的重要组成路段,路线总体走向由北向南,起点位于富蕴县吐尔洪乡克孜勒克日什,终点位于富蕴县喀木斯特,全部处于卡拉麦里山自然保护区境内(以下简称"卡山自然保护区")。起止桩号为K335+600～K354+300,全长18.7km。为了减少对卡山自然保护区土地资源的扰动和植被破坏,以及减少林地征用和后期复原费用,合理利用空间资源,在预制场规划时提出以路基作为桥梁构件预制场。预制场设在K339+400～K359+950主线范围,待此段路基填筑至顶宽36m时,进行预制场建设,预制梁板施工完成后再施工此段剩余路基、路面。

一、路基预制场规划

路基预制场占据主线路基550m,由北向南分为钢筋加工区、生活办公区、梁板预制区和梁板存放区(图2-1)。路基宽度为36m,门式起重机轨净宽为30m,在门式起重机一侧设3.5m场内道路,供施工车辆应用。在K336+600右侧1860m设立2座HZS75型混凝土拌和站,为预制场提供梁、板浇筑所需混凝土。梁板预制区内设置涵洞盖板及25m跨径动物天桥箱梁预制台座5个,20m跨径箱梁预制台座40个。梁板存放区内设置板长4.66m涵洞盖板存放区1处(单层存放24块),板长6.86m涵洞盖板存放区1处(单层存放24块),25m箱梁存放区2处(每处单层存放8块),20m箱梁存放区7处(每处单层存放8块),存梁台座(长29m、高0.5m)9个。

1.钢筋加工区

(1)钢筋加工棚面积结合钢筋数量合理设置,本项目根据梁、板尺寸及路基空间资源综合设置,同时配备桥式起重机,施工要求。

(2)钢筋加工区,按照其功能划分为钢筋存放区、钢筋下料区、加工制作区、半成品存放区,在钢筋存放区及半成品存放区应具备吊装作业必须的空间。

(3)在钢筋加工棚内应悬挂"钢筋大样图""钢筋加工技术要求"和"机械安全操作规程"等框图,标明尺寸、部位,确保下料机加工准确。

(4)在钢筋存放区挂设标识牌,在钢筋半成品存放区挂设半成品检验标识牌,表明该钢筋的检验状态和批次等情况。

第二章 资源循环再利用

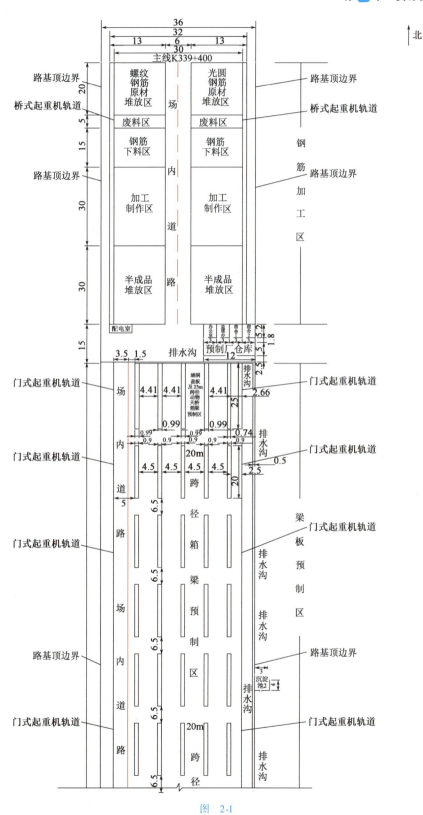

图 2-1

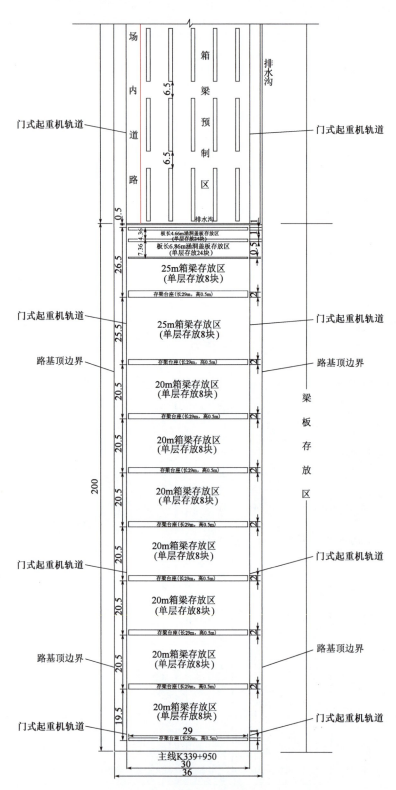

图 2-1　钢筋加工区及梁板预制厂平面布置图(尺寸单位：m)

(5)钢筋加工棚采用 φ150mm 钢管立柱等材料搭设,上盖采用彩钢板,保证棚顶不漏雨。棚内地面应采用 C20 混凝土进行硬化,厚度为 10～15cm。

(6)各种气瓶使用及存放应符合有关规定,应有防震圈和防护帽及遮阳措施,气瓶的间距应不小于 5m,距离明火不小于 10m,且采取隔离措施。

(7)各类试验设备应定期检验。

(8)冬季施工,当温度低于 -5℃时,钢筋焊接时应有防雨雪、防风、防寒措施。

2. 梁板预制区

(1)主要有梁体台座、侧模、内模、端模、养护系统、门式起重机等。

(2)制梁台座基础要用混凝土浇筑,并加钢筋网片,厚度为 50cm;台座采用 C25 的混凝土,高 35cm,宽度为预制梁的底板宽度;台座做成水平,并按照设计要求预设反拱;混凝土台座下面设 φ6cm 拉筋孔,间距与预制梁模板立杆拉筋孔间距相同。

台座两侧上角包 5 号槽钢,槽钢与混凝土面齐平,槽口向外,内用橡胶止浆管,利用侧模紧贴止浆管有效止浆,保证梁体下倒角的外观质量。台座顶面铺不小于 6mm 厚钢板与两侧槽钢焊接牢固;侧模通过台座基础空隙处进行对拉,保证梁体结构尺寸。

(3)台座基础混凝土与场地混凝土同时施工,为了基础混凝土与台座混凝土的良好衔接,在基础上预埋钢筋,间距为 1.0m。考虑到张拉时,梁体上拱,两端受力集中,在基底处理和浇筑制梁台座混凝土时,在距端头 2.0m 范围内,将基础和混凝土台座加宽加深,基础尺寸一般为 2m×1m,并在台座混凝土中加设钢筋,根据地质情况验算地基承载力。

(4)台座横向间距为预制梁顶面宽度的 2～3 倍,纵向间距为 5～10m,以便于吊装模板及预应力钢绞线穿束和张拉。

(5)预制区和存梁区在门式起重机作业范围内要全部硬化处理,门式起重机两侧设 20cm×30cm 的纵向排水沟,横向要做 2% 的双向坡排水沟,用于排除养护用水、雨水,保证场内不积水,排入沉淀池、循环池、过滤后,养护用水应循环利用。

(6)按照规范要求布设预制场动力线,线路应采取从硬化地面下预埋管穿过,负荷应满足预制场需要,并配备备用电源。

(7)台座制作要求如下:

①台座基础采用 C25 混凝土浇筑,涵洞盖板及 25m 跨径动物天桥箱梁台座底盘基础按长 25m、宽 0.99m、中间厚 15cm,底盘基础横向间距为 4.41m 进行设置。20m 跨径箱梁台座底盘基础按长 20m、宽 0.9m、中间厚 15cm,底盘基础横向间距为 4.5m 进行设置。各台座基础两端在长度 2m 范围内的厚度为 40cm(以承担箱梁张拉后集中在底盘两端的自重),同时在基础的两个端部位置内铺设 φ16mm 钢筋网,间距 20cm,钢筋长度深入到厚 15cm 的中间段基础内 30cm。

②在基础上打孔,孔深15cm。然后植入长28～30cm、φ12mm的Ⅱ级钢筋,钢筋的植入深度为10cm,埋入底盘混凝土中的长度为18～20cm。植入钢筋埋入底盘混凝土中的长度按设置的反拱度线型曲线变化,跨中18cm、两端20cm。植入的钢筋既作为控制底盘混凝土顶面高程的依据,又作为焊接、固定底模钢板的预埋件。

③在植入的钢筋上焊接钢筋骨架,并在钢筋骨架上焊接边∠30mm×30mm的角钢。角钢的上平面在横向上水平、纵向上顺直、竖向上按设置的反拱度值线形曲线变化(跨中反拱度值初设为向下1.7cm,按抛物线向两端逐渐变化为零。首片试验梁施工完成后,实测起拱度数值并与设计值进行比较,相差较大时应进行适当调整,再安排预制后续箱梁),角钢的侧面保持竖直。

④浇筑底盘混凝土的模板时,应预留出箱梁的吊点预留孔、底部对拉螺栓预留孔。在底模两端的预制梁吊点处预留30cm宽槽口,安放2cm厚活动钢板便于箱梁吊装。

⑤底盘混凝土有了一定的强度后,表面用磨光机磨平,铺厚6mm的冷轧钢板作面板锚固在混凝土底盘上(铺前钻孔,使其安放在底盘上的膨胀螺栓上,然后在该孔处将膨胀螺栓和钢板焊接固定)。相邻钢面板块间的缝隙采用焊接处理,焊毕用磨光机磨平。钢板的侧面应打磨直顺成一条线,不得有侧向弯曲。钢板铺完后打磨平焊点部位的焊渣,并对其表面除锈、去污,刷脱模剂覆盖待用。

(8)预制梁的模板应根据设计图纸,选定专业厂家进行加工制作,并指派专业技术人员根据台座的布设类型对模板进行设计和验算,模板加工完成后出厂前应进行试拼检验,确定模板的刚度、拼装平整度及材质是否符合设计要求。

(9)模板在使用过程中应加强维修与保养,每次拆模后应派专人进行清理与防锈工作,如遇下雨应及时覆盖,做到防尘、防锈。

(10)模板在吊装与运输过程中,应采取有效的措施防止模板的变形与受损。模板在安装后浇筑混凝土前,技术员对模板安装质量进行自检,尤其是对模板的尺寸、模板接缝及各种预留空洞的位置等,自检合格后报请监理工程师进行下道工序。

(11)模板的脱模剂应选用经过长期实践使用质量信誉较好的品牌,特别是雨季施工一定要选用耐水脱模剂或模板漆,不得采用废机油作为脱模剂。

(12)内模采用专业生产厂家制作的定型钢模板,采用模板整修架进行整体拼装、调整,利用门式起重机进行整体吊装入模。

(13)堵头模板(即端模),中跨的中梁、内边梁、外边梁和边跨的中梁,也采用定型钢模板,由同一生产厂家设计、加工制作。面板为厚8mm钢板。

(14)养护系统要求如下:

①可采用全自动无塔供水器-自动喷淋养护水循环系统,装置采用射程0.5～2.5m的蝶形喷头,喷嘴在水流冲击下360°不间断旋转,将水喷到梁体的每个角落。

②预埋固定喷头在台座两侧地坪处 10cm×15cm 小水槽内,也可做成移动架设自动喷淋装置,定时喷淋养护。

③架设长度大于梁体长度 1m 的 PVC 管,管体安装喷头放在梁体两侧位置喷淋养护,每片梁设喷管不少于 3 根,顶部一根,两侧各一根,喷管长度大于梁体长度 1m,喷头间距 $i \leq 0.5m$。梁体顶面一般采取毛毡覆盖再通 PVC 水管的方式养护,确保梁体的各部位均能养护到位。

④梁芯孔内可采用通 PVC 水管的方式喷淋或两头半封注水方式养护。

(15)门式起重机主要用于支立及拆除箱梁模板、浇筑箱梁混凝土、起吊、移运箱梁及辅助进行其他吊运。门式起重机起吊吨位应与预制梁的吨位相匹配,选择有资质的厂家购买,并进行现场安装、调试、标定。

(16)预制梁预应力张拉采用智能数控张拉设备,梁体压浆必须采用真空辅助压浆设备,能满足生产需要的机械凿毛设备,必备的施工辅助设备,包括横隔板钢筋定位模架、钢筋骨架定位模架、横隔板底模支撑架、波纹管定位模架、翼缘板钢筋定位模架。

(17)模板、底盘的设置数量要求如下:

①根据进度计划安排、每套模板周转天数、考虑不利因素后的实际预制时间、平均每个月完成数量,配置模板数量应能够满足计划工期要求。

②底盘的设置通过考虑总工作量、模板周转天数、梁板在底盘上停留天数设置底盘数量。

3. 梁板存放区

(1)存梁区台座应充分考虑预制梁重量、地基下沉等因素,混凝土强度等级不小于 C25。

(2)梁板预制完成后,移梁前对梁板喷涂统一标识和编号,标识内容包括分部、分项工程的名称、桩号、梁板编号、预制时间等。

(3)梁板在养护及存放期间应保证安全稳定,设置支撑杆、托架,防止梁板倾覆。

(4)梁板应放在强度、刚度满足要求的枕木上,平稳无倾斜,支点位置正确,空心板叠层不多于 3 层,箱梁不得叠层存放。

①梁板混凝土浇筑完成后,应及时对梁板顶面进行覆盖养护,对拆模后的梁板应指派专人进行喷淋养护或采用自动滴注养护系统进行养护,确保梁体混凝土表面保持湿润,且养护时间不得低于 7 天。

②预制梁体在移动时,必须在混凝土达到设计规定的强度并经过张拉压降后方可进行,梁体起吊时应按照设计规定的吊点位置进行捆绑和吊装,钢丝绳与梁体接触的部位应采用木板或轮胎胶皮等衬垫,梁体落放应在安放平稳和四角支撑牢固后方可松开吊绳。

③梁体存放的台座上应设置枕木支垫位置与吊点位置相符,并注意按照架梁的先后

顺序存放。

④预制梁板不应长时间存放,应严格按照设计规定进行存放,以免拱度过大,预制梁板与现浇段的结合部位应在混凝土终凝前彻底凿毛,保证混凝土的连接。

二、路基预制场建设施工技术

在 K339+400~K339+950 主线段路基填筑至顶宽 36m,并达到规范要求压实度后,进行预制场各基础设施的施工。施工步骤为:施工测量、场地硬化、台座施工、门式起重机施工。

1. 施工测量

在达到规范要求压实度和顶宽(36m)的主线路基(K339+400~K339+950)上,按预制场底面高程进行处治并放样,然后进行场面硬化和台座基础的施工。

2. 场地硬化和排水沟的设置

在达到预制场高程的路基上进行场地硬化,为满足场区内日常生产需求,硬化标准为厚 20cm 的 C30 混凝土,同时根据梁场需求做好排水沟设置,方便场区内施工排水。

3. 台座施工

根据平面图中各台座宽度,以厚 30cm 的 C30 混凝土进行浇筑,浇筑前做好测量放样工作,对台座顶面高程进行控制,符合要求后四边用槽钢护边,防止混凝土边角破损。台座平整度控制在 2mm 以内。

4. 侧模拼装

预制台座完成后,对侧模进行试拼,具体检查拼缝是否严密,接缝处有无错台现象,并进行修正。

5. 门式起重机轨道施工

在预留的门式起重机轨道基础上进行混凝土轨道施工,施工前进行测量校核,精确控制其纵向与桥梁轴线平行,并保证门式起重机净跨符合设计要求。

6. 安装及调试

门式起重机安装由厂家派专业技术人员到现场进行安装,安装调试完成、自检合格,使用一周正常安全厂家技术人员方可撤场。

门式起重机安装:门式起重机采用贝雷片现场分段组拼,每段重量不宜超过 8t,并使用 25t 吊重机协助安装。门式起重机立柱就位时用两台经纬仪从两个方向控制其位置,防止立柱位移或扭转。就位完成后将立柱底座焊牢于行走平台上,然后吊装衡量,最后布设吊运系统和电控系统。

调试:门式起重机安装完成后,对门式起重机进行绝缘试验、空载试验、额定荷载试验及超载静态试验,对门式起重机的各项工作状态进行全面测试,发现问题及时处理,在正式吊装前排查可能的隐患。

使用:在门式起重机试验合格后,编制门式起重机试验报告,并请技术监督部门检验合格并取得使用证明后才能投入使用。

三、路基预制场场内建设

1. 场地平整

在 K339+400~K339+950 主线范围,待此段路基填筑至顶宽 36m,并达到要求压实度后进行预制场建设,路基顶面高程符合预制场控制高程。

2. 房屋

房屋分为生产房屋及生活房屋,综合考虑当地气候、环保、美观、成本等因素,可采用 10cm 厚活动板房,门采用铝合金门框,彩钢夹芯门板,窗户采用塑料推拉窗。房屋内布设暖气管道。

3. 场地硬化

重车行走区域采用 C25 混凝土进行硬化,厚度 20cm。其余场地硬化采用 C20 混凝土进行硬化,厚度 15cm。

4. 排水系统

在生活区、预制区和存放区分别设置宽 20cm 的排水沟,将院内积水排至场地院外。在场地硬化前划好水沟布置位置,然后开挖 30cm 宽沟槽,两边采用 5cm 砖砌后用 M5 砂浆抹面,硬化地面须高出水沟顶面 3cm。

5. 围挡

为保证预制场区安全、环保、文明施工,规划区域应设置围墙或围栏,可采用砌砖、彩钢板、隔离栅等,高度 1.8m 左右,独立成院,便于监控、管理,大门设门卫值班室。

四、路基预制场安全施工要求

(1)场内消防设施符合防火要求。

(2)作业人员进入施工现场必须穿戴相应的劳动保护用品,安全检察人员应佩戴袖标。

(3)做好安全的技术交底工作,抓好专业工种人员的岗前培训工作,特别是起重机驾驶员、点焊工、混凝土工、钢筋工、电工等特种岗位人员的培训工作。其考核合格后,再持证上岗。

(4)做好开工前的各项准备工作,做到水路、电路、施工道路畅通,门式起重机、混凝土搅拌机、运输罐车标定和调试完好,外模、芯模、钢筋骨架加工试拼检验完毕,支座板、锚垫板齐备,人员、机具、材料等一切准备到位后,方可试生产。

(5)做好各项材料的计划和供应工作,对进厂各种原材料按照试验抽检频率进行抽检,合格后方可使用。

(6)抓好首片梁的试生产工作。对首片梁的钢筋绑扎、模板检验、混凝土浇筑、预应力钢绞线的张拉和压浆以及养护等工作要进行全过程监控,及时改进和提高施工工艺水平,确保预制梁质量。

(7)施工产生的废水、废油及生活污水不得直接排入河流、湖泊及饮用水附近的土壤中。

第二节 弃方再利用关键技术

国道 G216 线富蕴至五彩湾项目沿线里程长,存在大量挖方或山体爆破施工,若将该部分材料当作弃方处理,会增加相当的运输成本,且该项目位于卡拉麦里山有蹄类野生动物自然保护区,对弃方材料的处理有严格要求。弃方材料中有级配基本良好的天然砂砾或爆破碎石,物理指标良好,仅含泥量较大。综合考虑环境保护和运输成本,指挥部积极应用"四新"技术,加大对弃方材料的利用。采用在水化胶凝机理上可降低含泥量对混凝土强度影响的新型无机胶凝材料(绿色环保高性能水泥),实现弃方材料在施工便道硬化恢复、场区服务站硬化中的应用,减少弃方材料对卡山自然保护区内水土资源的污染和破坏。

一、原材料化学组分分析

1.普通硅酸盐水泥

普通硅酸盐水泥熟料主要矿物成分为硅酸三钙(C_3S)、硅酸二钙(C_2S)、铝酸三钙(C_3A)、铁铝酸四钙(C_4AF),对水化胶凝具有决定性影响的成分为硅酸三钙。利用傅里叶红外光谱对新疆天山 42.5 号水泥分析可发现(图 2-2),在波峰 876cm^{-1}处特征峰强度大,根据无机非金属图谱可判定该处为硅酸三钙和硅酸二钙基团,波峰 1128cm^{-1}为铁铝酸四钙,波峰 1410cm^{-1}附近为铝酸三钙,在 2300~2400cm^{-1}范围为硅酸三钙中掺杂的少量其他氧化物。

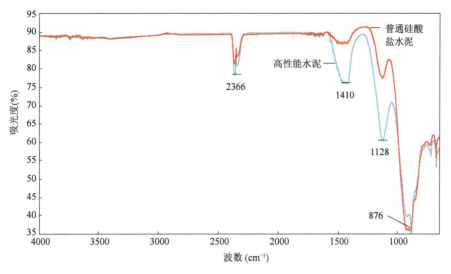

图 2-2　水泥红外光谱对比图

2. 绿色环保高性能水泥

绿色环保高性能水泥是加入了高活性具有胶凝作用的硅、铝基材料,同时含有少量 Fe_2O_3、CaO 和 MgO 的水泥。图 2-3 为绿色环保高性能水泥添加剂红外光谱图,可看到添加剂基本为纯矿物形式,主要为 $800\sim1250cm^{-1}$ 波峰内的硅、铝基材料,与水泥熟料红外光谱特征峰很相似。通过将普通水泥与一定比例的添加剂混合研磨,制得具有较高胶凝性的水泥。对绿色环保高性能水泥进行红外光谱分析可知,图 2-3 中水泥主要四大成分 $750\sim1550cm^{-1}$ 波峰面积约为 60263,而普通硅酸盐水泥在相同波数范围内波峰面积约为 5516,前者较后者多出 5747,说明在普通水泥加入添加剂后活性硅、铝基团成分明显增加(约增加 10%),对水化胶凝起到重要作用。

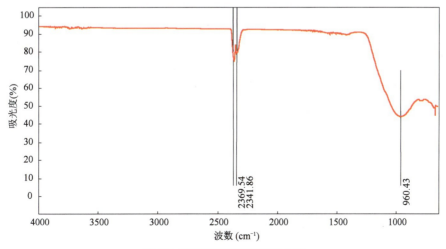

图 2-3　高性能水泥添加剂红外光谱

二、绿色环保高性能水泥强度试验分析

根据上述普通硅酸盐水泥和高性能水泥红外光谱分析,在增加硅、铝基具有较高胶凝作用材料下,水泥强度理论上有所提高。实测水泥胶砂强度如表 2-1 所示,在不同龄期内高性能水泥胶砂强度均高于同强度等级普通硅酸盐水泥。说明通过在普通水泥中加入高纯度的硅、铝基材料可提高水泥自身的胶凝特性,增加水泥强度,在表 2-1 中可看到 28d 龄期情况下,高性能水泥较普通 42.5 号硅酸盐水泥抗压强度高出约 5MPa,抗折强度高出 1.2MPa,高性能水泥具有显著的胶凝强度,水化作用强烈。

水泥胶砂强度分析表　　　　　表 2-1

水泥类型	龄期					
	3d		7d		28d	
	抗压(MPa)	抗折(MPa)	抗压(MPa)	抗折(MPa)	抗压(MPa)	抗折(MPa)
普通 42.5 号硅酸盐水泥	25.2	3.8	33.6	4.4	47.2	6.6
绿色环保高性能水泥	29.7	4.0	37.2	4.8	52.3	7.8
技术标准	>17	>3.5	—	—	>42.5	>6.5

三、绿色环保高性能水泥混凝土性能分析

为了分析绿色高性能水泥混凝土性能的稳定性及使用的普遍性,除选取国道 G216 线富蕴至五彩湾项目弃方天然砂砾(戈壁料)进行试验分析,同时还在新疆哈密、乌鲁木齐和喀什等地进行天然砂砾取样试验,分析不同含泥量天然砂砾在普通硅酸盐水泥和绿色环保高性能水泥作用下的强度变化规律。

1. 原材料分析

绿色环保高性能水泥是一种高性能新型无机胶结材料,其核心材料在常温下能够直接胶结土体中的土壤颗粒,并能与土壤矿物反应生成特种胶凝结构,从而形成高性能水泥混凝土。因此,通过筛分法了解天然砂砾级配和含泥量情况。各地天然砂砾筛分数据见表 2-2 ~ 表 2-6。

第二章　资源循环再利用

哈密 1 号天然砂砾筛分结果　　　　　　　　　　　　　　　　　　　　　　表 2-2

总质量(g)	第1组 5463				第2组 5736				平均
筛孔尺寸(mm)	筛上重(g)	分计筛余(%)	累计筛余(%)	通过百分率(%)	筛上重(g)	分计筛余(%)	累计筛余(%)	通过百分率(%)	通过百分率(%)
37.5	440.4	8.1	8.1	91.9	511.5	8.9	8.9	91.1	91.5
31.5	87.1	1.6	9.7	90.3	215.7	3.8	12.7	87.3	88.8
26.5	111.2	2.0	11.7	88.3	108.3	1.9	14.6	85.4	86.9
19	402.0	7.4	19.1	80.9	214.1	3.7	18.3	81.7	81.3
16	206.4	3.8	22.9	77.1	226.7	4.0	22.3	77.7	77.4
13.2	229.0	4.2	27.1	72.9	209.1	3.6	25.9	74.1	73.5
9.5	346.8	6.3	33.4	66.6	428.0	7.5	33.4	66.6	66.6
4.75	875.2	16.0	49.4	50.6	926.2	16.1	49.5	50.5	50.6
2.36	747.4	13.7	63.1	36.9	788.0	13.7	63.2	36.8	36.6
1.18	462.5	8.5	71.6	28.4	497.1	8.9	72.1	27.9	28.2
0.6	539.5	9.9	81.5	18.5	553.7	9.7	81.8	18.2	18.4
0.3	676.1	12.4	93.9	6.1	631.8	11.0	92.8	7.2	6.7
0.15	254.0	4.6	98.5	1.5	278.3	4.9	97.7	2.3	1.9
0.075	57.6	1.1	99.6	0.	105.6	1.8	99.5	0.5	0.5
筛底	5.5	0.1	99.7	0.3	22.3	0.4	99.9	0.1	0.2

哈密 2 号天然砂砾筛分结果　　　　　　　　　　　　　　　　　　　　　　表 2-3

总质量(g)	第1组 5669				第2组 5699.3				平均
筛孔尺寸(mm)	筛上重(g)	分计筛余(%)	累计筛余(%)	通过百分率(%)	筛上重(g)	分计筛余(%)	累计筛余(%)	通过百分率(%)	通过百分率(%)
37.5	0	0	0	100	0	0	0	100	100
31.5	60.4	1.1	1.1	98.9	0	0	0	100	99.5
26.5	25.5	0.4	1.5	98.5	56.6	1.0	1.0	99.0	98.8
19	195.9	3.6	5.1	94.9	169.2	3.0	4.0	96.0	95.5
16	113.3	2.0	7.1	92.9	67.3	1.2	5.2	94.8	93.9
13.2	147.9	2.6	9.7	90.3	159.7	2.8	8.0	92.0	91.2
9.5	273.8	4.8	14.5	85.5	311.5	5.5	13.5	86.5	86.0
4.75	779.5	13.8	28.3	71.7	823.2	14.4	27.9	72.1	72.0
2.36	770.5	13.6	41.9	58.1	795.0	14.0	41.9	58.1	58.1
1.18	437.5	7.7	49.6	50.4	483.0	8.5	50.4	49.6	50.0
0.6	541.8	9.6	59.2	40.8	550.5	9.7	60.1	39.9	40.4
0.3	954.5	16.8	76.0	24	972.0	17.1	77.2	22.8	23.4

续上表

总质量(g)	第1组 5669				第2组 5699.3				平均
筛孔尺寸(mm)	筛上重(g)	分计筛余(%)	累计筛余(%)	通过百分率(%)	筛上重(g)	分计筛余(%)	累计筛余(%)	通过百分率(%)	通过百分率(%)
0.15	786.3	13.9	89.9	10.1	732.5	12.9	90.1	9.9	20.0
0.075	465.8	8.2	98.1	1.9	462.5	8.1	98.2	1.8	1.9
筛底	89.0	1.6	99.7	0.3	90.5	1.6	99.8	0.2	0.3

乌鲁木齐天然砂砾筛分结果 表2-4

总质量(g)	第1组 5940				第2组 5333				平均
筛孔尺寸(mm)	筛上重(g)	分计筛余(%)	累计筛余(%)	通过百分率(%)	筛上重(g)	分计筛余(%)	累计筛余(%)	通过百分率(%)	通过百分率(%)
37.5	150	2.5	2.5	97.5	0	0	0	100	98.7
31.5	180	3.0	5.6	94.4	80	1.5	1.5	98.5	96.5
26.5	113	1.9	7.5	92.5	222	4.2	5.7	94.3	93.4
19	725	12.2	19.7	80.3	643	12.1	43.7	56.3	56.3
16	309	5.2	24.9	75.1	379	7.1	24.8	75.2	75.2
13.2	519	8.7	33.6	66.4	362	6.8	31.6	68.4	67.4
9.5	602	10.1	43.7	56.3	643	12.1	43.7	56.3	56.3
4.75	1013	17.1	60.8	39.2	995	18.7	62.3	37.7	38.4
2.36	607	10.2	71.0	28.9	620	11.6	73.9	26.0	27.5
1.18	306	5.2	76.2	23.8	276	5.2	79.2	20.9	22.4
0.6	319	5.4	81.5	18.5	280	5.3	84.4	15.6	17.0
0.3	500	8.4	89.9	10.1	382	7.2	91.6	8.4	9.3
0.15	409	6.89	96.8	3.2	294	5.5	97.1	2.9	3.0
0.075	143	2.4	99.3	0.8	112	2.1	99.2	0.8	0.8
筛底	38	0.8	100	0	43	0.8	100	0	0

喀什天然砂砾筛分结果 表2-5

总质量(g)	第1组 6000				第2组 6015				平均
筛孔尺寸(mm)	筛上重(g)	分计筛余(%)	累计筛余(%)	通过百分率(%)	筛上重(g)	分计筛余(%)	累计筛余(%)	通过百分率(%)	通过百分率(%)
37.5	0	0	0	100	0	0	0	100	100
31.5	120	2	2	98	63	1	1	99	98.5
26.5	456	7.6	9.6	90.4	199	3.3	4.3	95.7	93.1
19	770	12.9	22.5	77.5	744	12.3	16.6	83.4	80.5
16	331	5.5	28	72	265	4.4	21	79	75.5

续上表

总质量(g)	第1组 6000				第2组 6015				平均
筛孔尺寸(mm)	筛上重(g)	分计筛余(%)	累计筛余(%)	通过百分率(%)	筛上重(g)	分计筛余(%)	累计筛余(%)	通过百分率(%)	通过百分率(%)
13.2	308	5.1	33.1	66.9	408	6.7	27.7	72.3	69.6
9.5	673	11.2	44.3	55.7	780	12.9	40.6	59.4	57.6
4.75	941	15.6	59.9	40.1	1148	19	59.6	40.4	40.3
2.36	475	7.9	67.8	32.2	562	9.3	68.9	31.1	31.6
1.18	254	4.2	72	28	280	4.6	73.5	26.5	27.3
0.6	214	3.5	75.5	24.5	231	3.8	77.3	22.7	23.6
0.3	601	10	85.5	14.5	559	9.2	86.5	13.5	14
0.15	607	10.1	95.6	4.4	558	9.2	95.7	4.3	4.4
0.075	198	3.3	98.9	1.1	178	2.9	98.6	1.4	1.3
筛底	40	1.1	100	0	29	1.4	100	0	0

国道 G216 线富蕴至五彩湾项目恰库尔图天然砂砾筛分结果　　表 2-6

总质量(g)	第1组 3280.0				第2组 3420.4				平均
筛孔尺寸(mm)	筛上重(g)	分计筛余(%)	累计筛余(%)	通过百分率(%)	筛上重(g)	分计筛余(%)	累计筛余(%)	通过百分率(%)	通过百分率(%)
37.5	368	11.5	11.5	88.5	532	17.4	17.4	82.6	85.6
31.5	270	8.4	19.9	80.1	175	5.7	23.1	76.9	78.5
26.5	260	8.1	28.0	72.0	175	5.7	28.8	71.2	71.6
19	149	4.6	32.6	67.4	183	6.0	34.8	65.2	66.3
16	184	5.7	38.3	61.7	137	4.5	39.3	60.7	61.2
13.2	140	4.4	42.7	57.3	133	4.3	43.6	56.4	56.8
9.5	229	7.1	49.8	50.2	267	8.7	52.3	47.7	49.0
4.75	341	10.6	60.4	39.6	368	12.0	64.3	35.7	37.6
2.36	244	7.6	68.0	32.0	214	6.9	71.2	28.8	30.4
1.18	117	3.6	71.6	28.4	101	3.3	74.5	25.5	27.0
0.6	110	3.4	75.0	25.0	92	3.0	77.5	22.5	23.8
0.3	493	15.4	90.4	9.6	436	14.2	91.7	8.3	9.0
0.15	229	7.1	97.5	2.5	196	6.4	98.1	1.9	2.2
0.075	53	1.7	99.2	0.8	40	1.3	99.4	0.6	0.7
筛底	23	0.7	100.0	0	12	0.4	100	0	0

通过表 2-2～表 2-6 筛分结果可看出，哈密 1 号天然砂砾级配中粗、细集料占比约为 50∶50，哈密 2 号天然砂砾级配中粗、细集料占比约为 30∶70，而乌鲁木齐、喀什和恰库尔图天然砂砾级配中粗、细集料占比基本为 60∶40。通过水洗法测得哈密 1 号、哈密

2号、乌鲁木齐、喀什和恰库尔图天然砂砾中含泥量分别为17.6%、7.8%、6.4%、3.6%和5.7%。

2.混凝土强度分析

混凝土试验强度标准按需求分别为C30、C25和C20,因戈壁料中含泥量较大,水灰比控制在0.6~0.7,两种水泥及戈壁料用量均一致。表2-7为不同水泥和集料实测强度,根据相同强度下哈密1号、2号和喀什集料含泥量情况可看出含泥量增加对混凝土强度有显著影响,且在含泥量大的情况下普通硅酸盐水泥28d龄期无法达到设计强度,说明含泥量减弱了水泥水化反应,主要表现为阻碍了水泥与集料表面的黏结能力,降低了水泥与集料界面的直接胶凝性能。而绿色环保高性能水泥混凝土集料为哈密1号、2号和喀什天然砂砾的28d强度分别为31.2MPa、35.2MPa和34.7MPa,均满足C30混凝土设计强度,说明绿色环保高性能水泥在高含泥量(哈密1号料含泥量17.6%)状态下仍可实现固化并可达到设计强度,表现出较强的工程应用性能。

不同水泥和集料实测强度　　　　　表2-7

水泥类型	集料类型	7d		28d		设计强度
		抗压(MPa)	抗折(MPa)	抗压(MPa)	抗折(MPa)	
普通硅酸盐水泥	哈密1号	15.6	2.61	26.1	3.12	C30
	哈密2号	16.1	2.83	29.1	3.62	C30
	喀什	20.9	3.81	—	—	C30
		19.4	3.8	—	—	C25
绿色环保高性能水泥	哈密1号	17.8	2.95	31.2	3.7	C30
	哈密2号	18.8	3.15	35.2	3.91	C30
	喀什	26.7	4.5	34.7	5.8	C30
		25.3	5.0	27.8	5.7	C25
	乌鲁木齐	18.7	2.4	22.8	3.1	C20
	恰库尔图	18.9	2.65	26.4	3.28	C25

根据上表数据,以恰库尔图天然砂砾为集料的高性能水泥混凝土的28d强度可达到C25混凝土的强度,利用弃方材料硬化恢复施工便道完全可行。

3.混凝土耐久性分析

影响混凝土抗冻性能因素之一为集料含泥量太多,使得预制混凝土强度较低,在特殊环境下使用寿命明显缩短。本书分析研究了高性能水泥和普通硅酸盐水泥在大含泥量集料混凝土的冻融试验,试验采用快冻法,试验实测数据见表2-8。通过实测冻融数据,高性能水泥混凝土在质量损失和动弹模量指标均优于普通水泥混凝土,且具有较大差异。在40次冻融条件下,普通水泥混凝土质量损失达到35%(大于试验规范值5%),试件已达到破坏状态;而高性能水泥混凝土在 50 次冻融条件下质量损失不到 4%,与普通水泥混凝土相比性能优势显著。

哈密天然砂砾不同水泥混凝土冻融循环实测值　　　　　表 2-8

检测项目	混凝土类型	冻融循环次数					
		0	10	20	30	40	50
质量损失率平均值(%)	普通水泥混凝土 1 号	0	0.05	0.75	2.55	35.31	37.03
	普通水泥混凝土 2 号	0	−0.46	−0.05	1.87	33.06	33.46
	高性能水泥混凝土 1 号	0	−0.14	−0.11	0.7	1.91	3.78
	高性能水泥混凝土 2 号	0	−0.16	−0.21	−0.29	0.72	3.22
相对动弹性模量平均值(%)	普通水泥混凝土 1 号	100	83.9	74.0	63.6	37.5	35.9
	普通水泥混凝土 2 号	100	92.9	83.8	71.8	44.3	43.2
	高性能水泥混凝土 1 号	100	94.9	87.4	75.0	66.7	64.7
	高性能水泥混凝土 2 号	100	93.2	92.0	86.2	77.7	68.7

同时,通过图 2-4 随着冻融循环次数的增加,普通水泥混凝土 1 号和 2 号分别经过 31 次和 34 次冻融循环后动弹模量值已小于规范值 60%,表明强度损失严重。高性能水泥混凝土 1 号和 2 号在 50 次冻融循环条件下动弹模量值在 64% 以上,结合表 2-8 中质量损失,说明其至少可承受 50 次的冻融,大约是普通水泥混凝土的 1.5 倍。此外,1 号集料较 2 号集料含泥量多出 10%,在图 2-4 和表 2-8 中可看出 1 号集料在相同胶凝材料下动弹模量值和强度均低于 2 号集料,尤其在图 2-4 中可观察到 1 号集料混凝土较 2 号集料混凝土动弹模量损失较快,这与含泥量直接相关。但高性能水泥混凝土在高含泥量情况下与普通水泥混凝土在相同试验条件下表现出良好性能,强度和抗冻性能表现出较大优势。

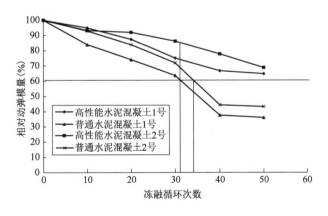

图 2-4　哈密天然砂砾动弹模量分析图

哈密天然冻融试验中未加入引气剂,冻融次数受限,但可看出绿色环保高性能水泥与普通硅酸盐水泥在耐久性上有显著区别。通过在乌鲁木齐天然砂砾混凝土中加入适量引气剂,可发现抗冻融能力显著提升,可达到 250 次(图 2-5),对实体工程而言可大大提高耐久性。

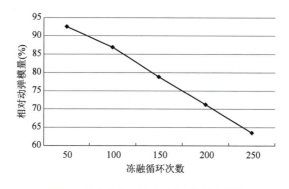

图 2-5　乌鲁木齐天然砂砾动弹模量分析图

4.绿色环保高性能水泥水化机理分析

通过试验数据,高性能水泥混凝土与普通水泥混凝土相比,性能更加优异。在此通过电镜扫描分析泥土及高性能水泥的水化作用。从图 2-6a)可看到戈壁料中 0.075mm 以下为松散颗粒状分布,经过与环保高性能水泥水化反应后如图 2-6b)所示,松散泥土颗粒之间形成骨架连接,以稳定团状结构包裹,这与高性能水泥中添加剂中高浓度的硅、铝基材料强大的胶凝性能有关,除加强水泥自身胶凝作用,同时激活泥土中含有的非活性但具有硅、铝成分的基团,提高泥土自身潜在的胶凝性能,降低含泥量对胶凝作用的影响。图 2-6b)即为大量硅酸三钙与水反应,生成水化硅酸钙(C—S—H 凝胶)和氢氧化钙,当水化过程进行到一定程度后,固相 $Ca(OH)_2$ 从溶液中结晶析出,水化硅酸钙沉积在被水所填充的孔隙中,附在颗粒表面,形成胶凝体。

a)天然砂砾中0.075mm以下微观结构

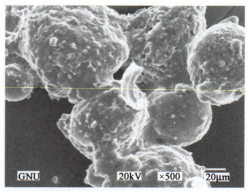
b)高性能水泥与0.075mm以下结合微观结构

图 2-6　天然砂砾中泥土及与绿色环保高性能水泥水化微观结构图

图 2-6 为不同水泥混凝土的微观结构,可看到图 2-7a)中有网状胶凝结构,但有较多孔洞,而图 2-7b)中高含泥量的集料在高性能水泥作用下,可形成较为密实的网状骨架胶

凝结构,集料界面与水泥浆接触良好,这正是高性能水泥有较好胶凝性质的体现。

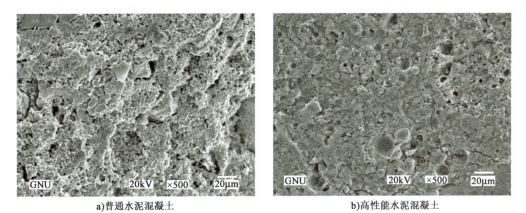

a)普通水泥混凝土　　　　b)高性能水泥混凝土

图 2-7　不同水泥混凝土微观结构图

第三章
Chapter 3

智 慧 施 工

工地施工本身不具有智慧，工地施工的主体是人。而工地加上信息化技术，能减少工程建设对人的依赖，同时更快、更精细、更全面地解决施工难题，使工地拥有智慧。

智慧工地，是基于"智慧城市"和"互联网+"的概念延伸而来，采用云计算、大数据、物联网和数字信息化模型等前端技术，针对所获取的不同类型信息，结合不同的施工需求，构建信息化的施工现场一体化管理解决方案。

第一节 建设智慧工地的意义

一、提高施工现场作业的工作效率

通过对建筑信息模型（BIM）、云计算、大数据、物联网、移动应用和智能应用等先进技术的综合应用，让施工现场感知更透彻、互通互联更全面、智能化更深入，大大提升现场作业人员的工作效率。

二、增强工程项目的精益化管理水平

有助于实现对施工现场"人、机、料、法、环"各关键要素进行实时、全面、智能的监控和管理，有效支持现场作业人员、项目管理者、企业管理者的各层间的协同和管理工作，提高了施工质量、安全、成本和进度的控制水平，减少浪费，严控自然环境保护，不断开拓，打造品质工程。

三、提升行业监管和服务能力

及时发现安全隐患，规范质量检查、检测行为，保障工程质量，实现质量溯源和劳务实名制管理，促进诚信大数据的建立，有效支撑行业主管部门对工程现场的质量、安全、人员的监管和服务。

第二节 G216 卡拉麦里山自然保护区信息化施工技术集成

G216 五彩湾至富蕴公路工程项目大部分项目工地在卡拉麦里山自然保护区界内，在满足施工环境要求的基础上，精细化管理施工，保障施工高质量地完成，指挥部引入"互联网+物联网（IOT）+地理信息系统（GIS）+BIM"的综合项目管理体系。其中包含：①沥青指纹识别快速检测系统；②沥青混合料路面施工动态质量监控系统；③安全质量智能视频监控系统。

一、沥青指纹识别快速检测系统

1. 技术简介

沥青因优异的防水、防腐和黏结性能而成为公路建设的支撑材料,其质量的优劣直接影响路用性能和公路寿命。道路建设中最常用的沥青材料是石油沥青和煤沥青。其中,石油沥青具有优良的可塑性和黏结性且资源丰富、价格低廉,有着悠久的被用作道路铺装材料的历史。随着高速公路的建设量增大,石油沥青的使用量也越来越大。由于沥青组成的复杂,目前对所使用沥青进行分析比较困难。

据调查,我国沥青市场仍存在不合格的沥青产品,使用假冒伪劣沥青的现象时有发生。识别沥青的真伪,传统的简单物性检测方法不仅耗时耗力,且易受改性剂和稳定剂等添加剂的影响,试验结果容易失真。由于沥青化学性质的复杂,沥青规范开发了针对性的物理特性试验,用诸如针入度、软化点、延度等试验检测其性能,这些物理特性试验在标准测试温度下进行,测试结果被用来确定材料是否满足规范标准。针入度、软化点、延度试验检测是评判沥青性能的传统检测方法,因其操作简单,至今也是公路行业检测沥青的主要方法。但这些测试方法有很多局限性,并不能完全识别鉴定、全面反映沥青的性能以及其在路面的表现,存在以下一些问题:

(1)针入度、软化点、延度试验检测虽然操作简单,但是沥青要预先溶化,从成模、养护到测试的时间长达4~5个小时,耗时较长。

(2)许多试验是经验性的,以针入度试验为例,针入度体现了沥青的稠度,但是任何沥青针入度同性能之间的关系,完全是通过经验获得的。

(3)针入度、软化点和延度等指标试验检测只能反映特定温度、特定荷载作用条件下沥青的性能,而在其他条件下沥青的性能差异很难反映出来,有可能会把不同的沥青归类为相同等级。其实这些沥青可能在不同的条件下,性能完全不同,有可能不适合在当地气候条件下铺筑道路,从而导致路面病害的发生。

(4)1993年,美国联邦公路局完成了美国公路战略研究计划(SHRP),其最重要研究成果为Superpave。Superpave建立了新的沥青评价体系,新的指标通过工程学原理测量物理性质,并同现场性能直接联系在一起,能够更全面地反映沥青的路用性能。但是SHRP指标的检测费时费力,且设备昂贵,不能及时有效地判定沥青质量。

因此,在现场施工过程中,由于沥青质量的良莠不齐,传统检测方法不够全面,而SHRP指标的检测费时费力且昂贵,都不能及时有效的判定沥青质量。所以,一种快速、有效判定沥青质量的方法——沥青指纹识别快速检测系统应运而生。

沥青指纹识别快速检测系统通过建立沥青指纹识别数据库,分析未知沥青红外光谱图,在施工现场,快速检测和分析沥青质量,做到了沥青每车抽检。其实现了由效率低的事后检测向实时监控的转变,能帮助建设单位提高施工效率,保障路面质量,具有广泛的社会和经济效益。本章结合系统在五富项目实际使用情况,对系统的技术原理、系统组成、系统操作流程、改性沥青SBS(苯乙烯-丁二烯-苯乙烯嵌段共聚物)掺量快速检测、项目实际应用、系统价值等方面介绍沥青指纹识别快速检测系。

2. 技术原理

(1)红外光谱原理。

按照量子学说,当一个分子在多个量子态之间跃迁时,就要发射或吸收电磁波,在跃迁过程中,当有不同的红外光辐射依次照射到样品上时,由于某些波长的辐射被样品选择吸收而减弱或消失,于是形成红外吸收光谱。

红外光谱(图3-1)的波段分为近、中、远红外三部分,有机化合物结构分析应用最多的是中红外($-600 \sim 4000 cm^{-1}$)。对于聚合物的红外光谱分析,一般将整个中红外范围分成$600 \sim 1300 cm^{-1}$和$1300 \sim 4000 cm^{-1}$两个区域。$600 \sim 1300 cm^{-1}$区域中除单键的伸缩振动外,还有因变形振动产生的复杂光谱,当分子结构稍有不同,该区的吸收峰就有细微的差异,这种情况就像每个人都有不同的DNA或指纹一样,因此将该区域称为指纹区。而$1300 \sim 4000 cm^{-1}$区域的峰是由于伸缩振动产生的吸收带,由于此区域基团的吸收峰一般位于此高频范围,并且在该区域内吸收峰比较稀疏,因此该区域是鉴定官能团存在最有价值的区域,称为官能团区。对于红外光谱的解析,一般先在官能团区搜索官能团的特征伸缩振动,再根据指纹区特征吸收情况进一步确认该官能团的存在以及各基团之间的结合方式。红外吸收峰的强度主要取决于分子中化学键的偶极矩变化大小,当分子中有极性化学键时,其偶极矩变化大,吸收峰较强;相反,两端原子相同的化学键,如C—C,S—S等的红外吸收峰较弱,这类非极性基团通常在拉曼光谱中有较强的信号。不同物质对不同波长的红外辐射吸收程度是不同的,所以形成的红外光谱图也是不一样的。一些功能团具有红外特征吸收峰,所以可以根据各种物质的红外特征吸收峰的位置、数目,相对强度和形状等参数,推断试样物质中存在哪些官能团,并确定其分子结构。

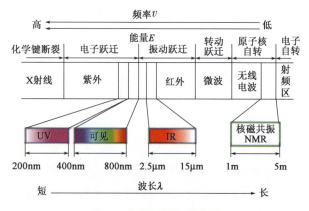

图3-1 红外光谱的区带范围

按吸收峰的来源，可以将 2.5~25μm 的红外光谱图大体上分为特征频率区(2.5~7.7μm)以及指纹区(7.7~16.7μm)两个区域。

其中特征频率区中的吸收峰基本是由基团的伸缩振动产生，数目不是很多，但具有很强的特征性，因此在基团鉴定工作上很有价值，主要用于鉴定官能团。如羰基，在酮、酸、酯和酰胺等类化合物中，其伸缩振动总是在 5.9μm 左右出现一个强吸收峰，如谱图中 5.9μm 左右有一个强吸收峰，则大致可以断定分子中有羰基。

指纹区的情况不同，该区峰多而复杂，没有强的特征性，主要是由一些单键 C—O、C—N 和 C—X(卤素原子)等的伸缩振动及 C—H、O—H 等含氢基团的弯曲振动以及 C—C 骨架振动产生。当分子结构稍有不同时，该区的吸收就有细微的差异。这种情况就像每个人都有不同的指纹一样，因而称为指纹区。指纹区对于区别结构类似的化合物很有帮助。

红外光谱可分为发射光谱和吸收光谱两类。

物体的红外发射光谱主要决定于物体的温度和化学组成，由于测试比较困难，红外发射光谱只是一种正在发展的新的实验技术，如激光诱导荧光。将一束不同波长的红外射线照射到物质的分子上，某些特定波长的红外射线被吸收，形成这一分子的红外吸收光谱。每种分子都有由其组成和结构决定的独有的红外吸收光谱，它是一种分子光谱。

例如水分子有较宽的吸收峰，所以分子的红外吸收光谱属于带状光谱。原子也有红外发射和吸收光谱，但都是线状光谱。

红外吸收光谱是由分子不停地作振动和转动运动而产生的，分子振动是指分子中各原子在平衡位置附近做相对运动，多原子分子可组成多种振动图形。当分子中各原子以同一频率、同一相位在平衡位置附近作简谐振动时，这种振动方式称简正振动。

含 n 个原子的分子应有 $3n-6$ 个简正振动方式；如果是线性分子，只有 $3n-5$ 个简正振动方式。以非线性三原子分子为例，它的简正振动方式只有三种，分别记作 v_1、v_2、v_3。在 v_1 和 v_3 振动中，只是化学键的伸长和缩短，称为伸缩振动，而 v_2 的振动方式改变了分子中化学键间的夹角，所以称为变角振动，它们是分子振动的主要方式。分子振动的能量与红外射线的光量子能量正好对应，因此，当分子的振动状态改变时，就可以发射红外光谱，也可以因红外辐射激发分子的振动，而产生红外吸收光谱。

(2)傅里叶光谱分析仪原理。

光源发出的光被分束器(类似半透半反镜)分为两束，一束经透射到达动镜，另一束经反射到达定镜。两束光分别经定镜和动镜反射再回到分束器，动镜以一恒定速度做直线运动，因而经分束器分束后的两束光形成光程差，产生干涉。干涉光在分束器会合后通过样品池，通过样品后含有样品信息的干涉光到达检测器，然后通过傅里叶变换对信号进行处理，最终得到透过率或吸光度随波数或波长的红外吸收光谱图。

本书采用尼高力 Nicolet iS5 傅里叶变换红外光谱仪，此光谱仪是第五代红外光谱分析仪,主要由红外光源、光阑、迈克尔逊干涉仪、样品区、检测区以及各种红外反射镜、激光器、控制电路板和电源组成(图3-2)。其工作原理是由红外光源发出的红外辐射经准直镜准直后变为平行红外光束进入干涉仪,经调制后得到一束干涉光,该干涉光经衰减全反射(ATR)试样台上样品反射后进入检测器内。检测器根据干涉光经样品后的干涉信号转化为电信号,由计算机采集,得到该样品的时域干涉图。该图经计算机进行傅里叶变换计算,转换成以吸光度或折射率为纵坐标,以波长为横坐标的红外光谱图(图3-3)。

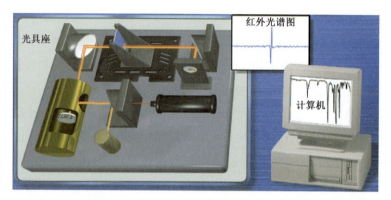

图 3-2　光谱仪组成

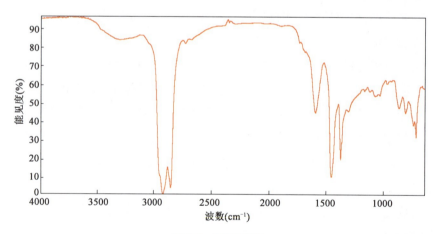

图 3-3　红外光谱图

3. 系统组成

(1)便携式沥青指纹识别仪。

尺寸:35cm×28cm×26cm,重量:10kg,如图3-4所示。

便携式沥青指纹识别仪采用ATR,如图3-5所示,沥青无须预先溶解,只需涂抹在附件上,如图3-6所示,制样到测试只需要1min就可以完成。仪器设计紧凑、结实便携,是现场检测和移动试验室的最佳选择。

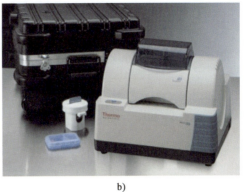

a) b)

图 3-4　沥青指纹仪外观

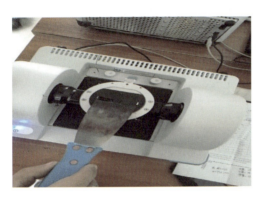

图 3-5　ATR 附件图　　　　　　　　图 3-6　涂抹过程

(2) 沥青指纹识别快速检测软件。

研究人员在采集了数千个沥青的红外谱图基础上，建立标准谱图数据库，研发了沥青指纹识别快速检测软件，其登录界面如图 3-7 所示。将市场上使用的所有品牌沥青数据库导入软件，用户只需在软件中选定对应品牌的沥青数据库，点击确定后软件会将待测谱图与相应谱图库中已有的标准沥青谱进行对比，并在用户界面显示检测沥青与标样是否相符。

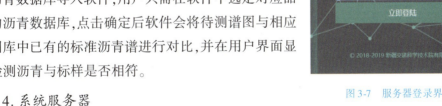

图 3-7　服务器登录界面

4. 系统服务器

系统数据器，承担着数据存放、数据测试、远程传输，执行大量匹配算法等工作，同时又为 Web 管理端和项目客户端提供网络服务等工作。管理员可以通过系统服务远程在线管理，如图 3-7 所示，更新沥青光谱数据库，远程维护系统，同时随时查看项目已测数据 (图 3-8、图 3-9)，管理整个项目的测试数据。

沥青指纹识别报告

单号	16A1560241950000	设备	ABS1817491
工程名称	G216线索尔库都克至恰库尔图镇段公路工程建设项目	标段	索恰二标
检测日期	2019-06-11 16:32:30	运输车号	新G62707
沥青产品	改性沥青	数据来源	新疆油建索恰二标
样本谱图	沥青品质快速评价系统v1.0 吸光度(%) 波数(cm⁻¹)		
SBS含量	4.52%	结果	检测通过
结论	样本对比产品为<改性沥青>，检测时间为<2019-06-11 16:32:30>，车号为<新G62707>，检测通过		

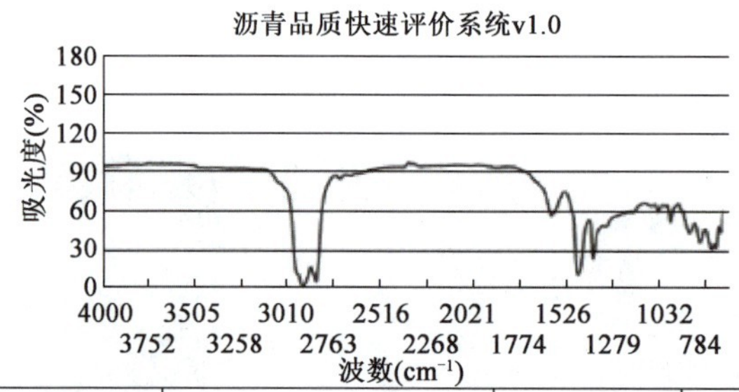

图 3-8　已测样品详细界

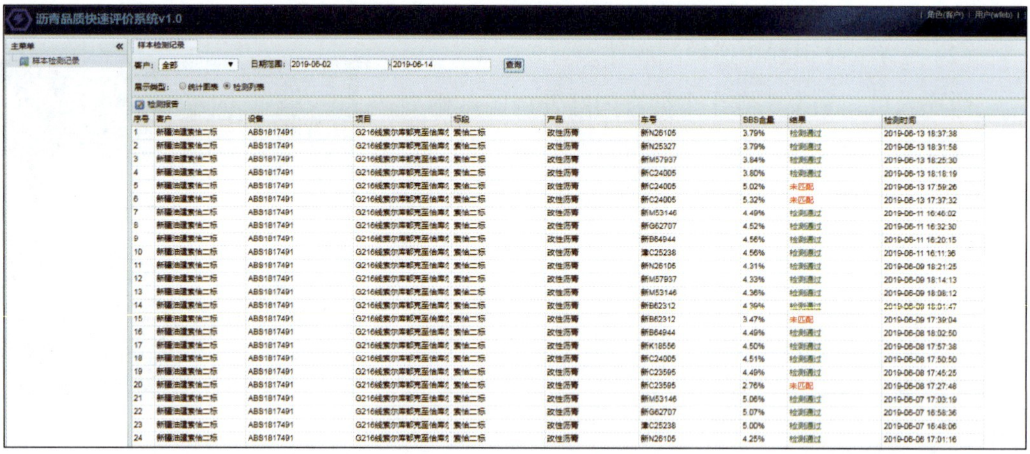

图 3-9　检测结果数据报表界面

5. 预警功能

用户通过预警功能在手机监控客户端上查询沥青库、检测数据、统计数据，同时服务器识别到的预警信息也会及时发送到手机监控客户端上（图 3-10）。可以使质量监管人员随时随地对沥青进行质量监控。

6. 系统操作流程

使用条件:湿度低于60%,温度15~30℃,使用环境无尘,固定台面,避免振动,开机半小时后测样,数据更稳定。

(1)开机准备。

连接仪器和笔记本电脑的电源,保证仪器和电脑之间的数据线连接,电脑正常联网。

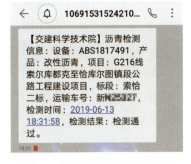

图3-10 用户手机监控客户端界面

(2)仪器校正。

①打开便携式沥青指纹识别仪和笔记本电脑电源,等到仪器蓝色指示灯不再闪烁,恒亮以后双击打开"OMINC"软件,去掉样品仓中所有附件,单击打开"试验设置/诊断"下面的"准直",校正仪器。安装ATR附件,单击打开"试验设置/光学台"读取仪器的最大值。

②仪器在长途运输或者是久置未用的情况下,打开"OMINC"软件后,左键单击软件右上角的"状态",打开对话框,选择"运行"进行性能确认。注意运行前按照提示,去掉样品仓中的所有附件,运行完以后,打开"汇报"查看仪器性能。

(3)软件设置。

关闭"OMNIC"软件,双击打开"沥青指纹识别快速检测系统",选择ATR附件,进入软件界面,单击"工程管理"选择对应的项目名称,单击确定"选择此项目"后在界面右侧选择对应的项目所用的"标段名称""沥青型号""用途"。

(4)背景采集。

单击"扫描背景"弹出"请准备背景采集"对话框,保证测样的晶体清洗干净,单击"确定"按钮,开始背景采集,采集完毕后,查看背景谱图,确定测样晶体是否干净,然后输入上文"仪器校正"步骤中读取的最大值,单击"确定"按钮。

(5)样品采集。

加热刮刀,将沥青均匀地涂在测样晶体表面。单击"扫描样品"输入车牌号信息,或者是选择其他,输入样品编号等信息后单击确定,开始采集样品。采集完成后,弹出保存对话框,将沥青谱图保存在对应建好的文件夹里面。

(6)样品分析。

样品采集完成后,单击"提交检测"按钮,如果测试沥青谱图与数据库中标样沥青谱图比对相符,弹出"测试沥青与数据库中国标样沥青谱图相符"对话框,如果测试沥青与数据库中标样沥青谱图比对不符,则弹出"送检的样品与数据库标样沥青不匹配"对话框。

(7)晶体清洗。

将测试完的晶体取下,下面垫铺卫生纸,将晶体放在上面,用煤油或者是汽油浸泡2~3分钟左右,用棉签沿着一面轻轻清洗晶体表面,然后用卫生纸吸取表面溶剂,如此反复

2～3次,保证测试晶体被清洗干净。然后用手拿着测试晶体靠近电炉子,将其稍微加热烘干表面的溶剂。清洗干净后,将测试晶体安装上,涂抹沥青,单击"扫描",开始下个沥青测试,以后依次清洗、扫描、检测。

(8)历史查询。

单击"历史查询"按钮,可以查看过往的沥青测试结果,详细查看沥青谱图,点击"重测"按钮,可以重新测试分析沥青检测结果。

(9)注意事项。

①若在测样过程中,不小心关闭软件,重新打开后,需要重新采集背景,后采集样品,如果不关闭软件,采集一个背景后,后续只需采集样品即可。

②定期用洗耳球吹扫ATR附件中的反射镜和仪器样品仓两侧的镜子,切记不要用擦拭的方式。

③仪器需关闭电源重启时,关闭3分钟后再重新开机;若突然停电,请及时关闭电源。

7. SBS改性沥青质量控制方案

SBS改性沥青是指基质沥青掺加一定的SBS改性剂,通过高温剪切、搅拌等加工工艺而成。其中SBS改性剂以一定粒径作为分散相用物理的方式分散到作为连续相的沥青中形成的体系。

在改性沥青的生产、运输、储存等过程中,SBS改性剂的含量多少对改性沥青的长期使用性能有着决定性的影响。因此,检测改性沥青中聚合物的含量至关重要。然而目前国内外对于改性沥青中聚合物含量缺乏行之有效的检测方法。为此,本书应用红外光谱法,分析相应的红外光谱图,进行SBS含量的红外光谱法测试技术研究。

基于LambertBeer定律,SBS中丁二烯、苯乙烯的特征吸收峰的吸收强度与其浓度均成正比关系。测试的过程中发现苯乙烯的特征吸收峰强度明显小于丁二烯特征峰的吸收强度,因此本章在选用待测样SBS含量测试方法时,采用SBS中丁二烯C═C双键特征峰的吸光强度作为定量分析依据。

SBS含量的红外衰减全反射测试方法(ATR测试方法)。基于LambertBeer定律,SBS中丁二烯的特征吸收峰的吸收强度与浓度成正比关系,且吸光度值较高。使用傅里叶红外光谱仪,采用中红外衰减全反射技术(MIR-ATR),通过测试改性沥青的特征吸收峰,可推算出SBS剂量。

①测试目的。

本方法用于检测工程中SBS改性沥青中聚合物的含量,防止沥青因在改性过程中的SBS添加量不足或由于制备存储工艺不当而造成的离析。聚合物含量为SBS改性沥青的质量依据。

②测试原理。

试验采用 MIR-ATR 对改性沥青中聚合物含量的进行检测,应用于沥青施工过程中的改性沥青中聚合物含量的检测。由于改性剂和基质沥青的组分不同,不同的组分的 ATR 光谱图中有不同的特征峰。通过对比分析得出,SBS 改性沥青与 SBS 的红外光谱图在 966cm^{-1} 处有较强的特征吸收峰,而基质沥青的红外谱图在此处无特征峰。966cm^{-1} 处特征峰为 SBS 中反式丁二烯的特征峰,故 966cm^{-1} 处特征峰可用于 SBS 改性沥青剂量检测。采用红外衰减全反射测试技术分别测试 966cm^{-1} 处的峰高得到不同剂量下试样的吸光度值 A,可以看出吸光度 A 均随着 SBS 剂量的增大而增大。分别将不同 SBS 剂量下 966cm^{-1} 处的吸光度 A_{966},拟合成标准曲线:$y = ax + b$。

其中,x 为 SBS 剂量,y 为吸光度值 A。再将待测样处的吸光度带入上述所得回归方程,即可得相应的 SBS 剂量。

③测试方法。

《公路工程沥青及沥青混合料试验规程》(JTJ 052—2000) T 0601—2000 的方法采集沥青试样。

在最佳剪切工艺或改性沥青生产现场剪切工艺下对沥青进行改性,制备多个已知剂量的改性沥青标准试样。

使用傅里叶红外光谱仪,采用 MIR-ATR 进行检测。

8. 基质沥青红外光谱分析

对于沥青,目前已有多种不同测试方法。主要的测试方法有液相吸附色谱法(常规四组分法)、高效液相色谱法、凝胶渗透色谱法、多组分法、密度法、红外吸收光谱法(IR)、X 射线分析、核磁共振法(NMR)、质谱分析法(MS)等。

目前应用多种手段分析得出沥青主要由三类烃组成,即链烷烃、环烷烃和芳香烃三类。我国现阶段通常采用的是由 L·W·科尔贝特提出的,把沥青分离为饱和分、芳香分、胶质和沥青质等四个组分,称为四组分法。饱和分和芳香分可作为油分,在沥青中起柔软和润滑作用,含量越多,稠度越低,软化点越低,针入度越大。胶质作为沥青胶体体系的分散剂,由链烷-环烷-芳香烃多环结构及含 S、O、N 化合物组成,在沥青中含量为 15%~30%,分子量在 600~1000 范围内,其存在使沥青具有很好的黏附性。沥青质是沥青中最重的部分,由链烷-环烷-芳香烃缩合环结构及含 S、O、N 化合物组成,对沥青的结构性能影响非常大。在沥青结构中,四组分的分子量、极性、组成、发挥的功能等都不尽相同,不同基质沥青中四组分的含量也有差异,因此不同种类的基质沥青在形式和性能上会产生很大的差别。

近年来,研究者使用红外光谱技术对沥青的组成进行了一定的研究。本书分别选用 ESSO90 号、SK90 号沥青作为研究的基质沥青。其技术指标如表 3-1 所示,组分所占比重如表 3-2 所示。

基质沥青的技术指标 表3-1

试验指标 沥青种类	针入度(0.1mm)			软化点（°C）	15°C 延度（cm）	PI 15°C
	15°C	25°C	30°C			
ESSO	29	90	147	45.60	ESSO	29
SK	28	91	146	45.34	SK	28

由表3-1可看出,所采用基质沥青技术性质满足现行相关规范 A 级 90 号沥青技术性质要求。

基质沥青的组分分析 表3-2

基质沥青	组分含量(%)			
	饱和分	芳香分	胶质	沥青质
ESSO	24.26	50.47	15.39	9.88
SK	20.91	47.85	23.40	7.84

采用 ATR 技术进行测试,分别得到基质沥青 SK90 号沥青和 ESSO90 号沥青的红外光谱图,如图3-11、图3-12所示。

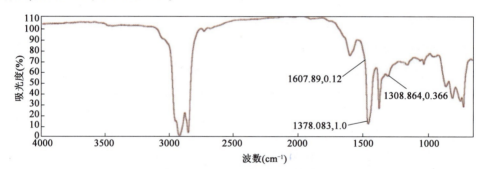

图3-11 SK90号基质沥青红外光谱图

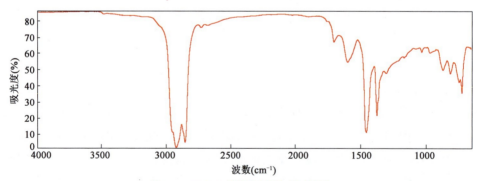

图3-12 ESSO90号基质沥青红外光谱图

基于基质沥青组成结构及基团特征峰(较强且明显的谱峰特征)的分析,结合图3-11和图3-12(图中所标注的数据左边是波数,右边是对应波数处的吸光度 A 值)可推断基质沥青具有的特征峰[$A = \lg(1/T)$]。具体分析如下所述。

(1)在波数 $2800 \sim 3000 \mathrm{cm}^{-1}$ 左右有较强的吸收峰,该区域特征峰主要是饱和烷烃的

C—H 振动引起的吸收峰。此区域内表现最强的 2920cm^{-1} 和 2850cm^{-1} 处的—CH$_2$—伸缩振动，其中 2920cm^{-1} 处为亚甲基—CH$_2$—的反对称伸缩振动，2850cm^{-1} 处为亚甲基—CH$_2$—的对称伸缩振动。

(2) 2335~2365cm^{-1} 处出现的峰为未能全部扣除背景中的 CO_2 形成的。

(3) 1460cm^{-1} 处出现峰型尖锐的吸收峰，这是甲基—CH$_3$ 和—CH$_2$—中 C—H 面内伸缩振动的结果。

(4) 1375cm^{-1} 处的较强吸收峰归属于—CH$_3$ 的对称变角振动（剪式振动）吸收峰。

(5) 815cm^{-1}、722cm^{-1} 处出现峰型相对平缓的吸收峰，归属于苯环上的 C—H 面外的弯曲振动吸收峰。

由图 3-11 和图 3-12 综合对比可知，不同基质沥青中特征峰出现的波数位置是相同的，但如果基质沥青发生了老化则特征峰会发生一定变化。

根据两种基质沥青的红外光谱图，分别取 1375cm^{-1} 处吸收峰的吸光度值（用 A_{1375} 表示），如表 3-3 所示。

基质沥青的吸光度值　　　　　　　　　　　表 3-3

	SK90 号	ESSO90 号
A_{1375}	0.51	0.69
	0.52	0.69
	0.67	0.69
	0.69	0.69
	0.63	0.68
	0.70	0.69
	0.68	0.69
	0.72	0.69
	0.74	0.70
	0.75	0.70
	0.67	0.70
	0.69	0.69
	0.64	0.69
	0.73	0.70
	0.68	0.69
平均值	0.67	0.69

9. 改性剂红外光谱分析

SBS 改性剂具有无可比拟的优点，其在国内外都得到了广泛应用。SBS 兼有橡胶的弹性和树脂的热塑性性质，是苯乙烯（PS）与丁二烯（PB）的嵌段聚合物，以丁二烯和 1、3-

苯乙烯为单体。SBS 具有多相结构,聚苯乙烯段(S)分布在两端,即为硬段,形成物理交联区域,称为分散相。而聚丁二烯段则分布在中间,形成软段,称为连续相。

SBS 主要分为嵌段线型和四臂星型两种结构。嵌段线形 SBS 呈线型分布,分子间无交联,结构比较简单。四臂星型 SBS 呈交叉分布,分子间有偶联,结构较为复杂。SBS 结构示意图及分子式,如图 3-13 所示。

图 3-13 SBS 分子式及结构图

本章选用五种不同类型不同厂家的改性剂进行分析,分别是 L-YY、S-YY、L-YS、S-YS、LG,其外观图如图 3-14 ~ 图 3-18 所示,其技术性质见表 3-4。

图 3-14 L-YY 外观图　　图 3-15 S-YY 外观图

图 3-16 L-YS 外观图　　图 3-17 S-YS 外观图

图 3-18　LG 外观图

SBS 技术性质　　　　　　　　　　　　　　　　表 3-4

技术指标	L-YY	S-YY	L-YS	S-YS	LG
结构	线型	星型	线型	星型	星型
嵌段比(S/B)	30/70	30/70	30/70	30/70	30/70
挥发分(%)≤	0.70	0.70	0.70	0.70	0.70
300%定伸应力≥	2.5	2.5	2.5	2.5	2.5
拉伸强度(MPa)≥	12	12	18	12	12
扯断伸长率(%)≥	700	600	650	650	700
硬度(邵氏 A 值)	75	82	70	80	87
熔体流动速率(g/10min)	0.5~5.0	0~1.0	0~6.0	0.1~0.5	0~1.0

采用 ATR 技术分别对不同类型(星型结构、线型结构)的 SBS 进行测试得到红外光谱图,如图 3-19~图 3-23 所示。

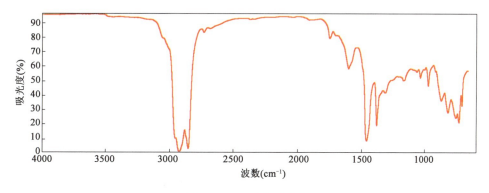

图 3-19　L-YY 红外光谱图

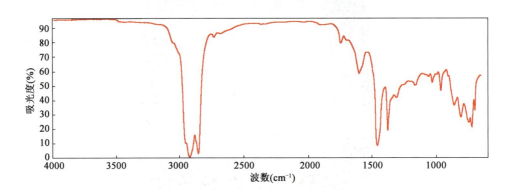

图 3-20　S-YY 红外光谱图

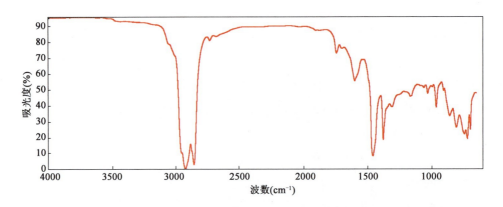

图 3-21　L-YS 红外光谱图

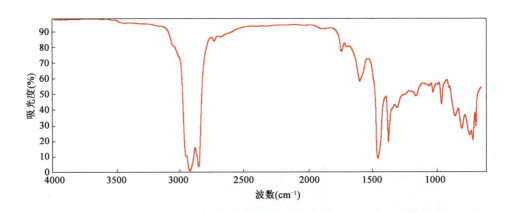

图 3-22　S-YS 红外光谱图

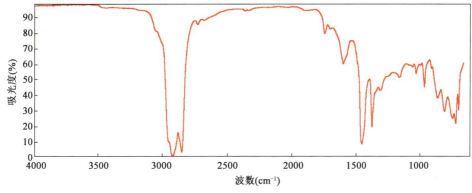

图 3-23　LG 红外光谱图

根据图 3-19～图 3-23 可知,星型 SBS 和线型 SBS 的红外光谱图基本一致。基于 SBS 组成结构及基团特征峰的分析以及各改性剂红外光谱图可推断出 SBS 改性剂具有的特征峰如下所述。

(1)在波数 2800～3000cm^{-1} 左右有较强的吸收峰,该区域特征峰主要是饱和烷烃的 C—H 振动引起的吸收峰。此区域内表现最强的 2920cm^{-1} 和 2850cm^{-1} 处的—CH_2—伸缩振动,其中 2920cm^{-1} 处为亚甲基—CH_2—的反对称伸缩振动,2850cm^{-1} 处为亚甲基—CH_2—的对称伸缩振动。

(2)2335～2365cm^{-1} 处出现的峰为未能全部扣除背景中的 CO_2 而形成的。

(3)1400～1600cm^{-1} 左右出现吸收峰,为苯环骨架振动。

(4)966cm^{-1} 处出现较强的吸收峰,为反式=CH 面外摇摆吸收峰,为聚丁二烯的特征吸收峰。

(5)698cm^{-1} 处出现峰型尖锐的吸收峰,是苯环上 C—H 面外摇摆振动吸收峰,为苯乙烯的特征吸收峰。

10. SBS 改性沥青红外光谱分析

采用 ATR 技术分别对改性沥青进行测试,得到 SBS 改性沥青的红外光谱图,如图 3-24 所示。

根据图 3-24 可推断 SBS 改性沥青具有的特征峰。具体分析如下所述。

(1)与基质沥青及 SBS 的红外光谱图一致,在波数 2800～3000cm^{-1} 左右有较强的吸收峰,其中 2920cm^{-1} 处为亚甲基—CH_2—的反对称伸缩振动,2850cm^{-1} 处为亚甲基—CH_2—的对称伸缩振动。

(2)2335～2365cm^{-1} 处出现的峰为未能全部扣除背景中的 CO_2 而形成的。

(3)与基质沥青的红外光谱图一致,1460cm^{-1} 处出现峰形尖锐的吸收峰,这是甲基 C—CH_3 和—CH_2—中 C—H 面内伸缩振动的结果。

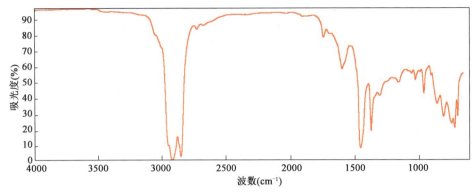

图 3-24　改性沥青红外光谱图

(4)与基质沥青的红外光谱图一致,$1375cm^{-1}$处的较强吸收峰归属于—CH_3的对称变角振动(剪式振动)吸收峰。

(5)与 SBS 的红外光谱图一致,$966cm^{-1}$处出现较强的吸收峰,为反式=CH 面外摇摆吸收峰,为聚丁二烯的特征吸收峰。

(6)与 SBS 的红外光谱图一致,$698cm^{-1}$处出现峰型尖锐的吸收峰,是苯环上 C—H 面外摇摆振动吸收峰,为苯乙烯的特征吸收峰。

11. 助剂红外光谱分析

满足现代交通要求的改性沥青除应具有较好的高低温稳定性、耐久性等之外,还应具有较好的热储存稳定性和相容性。但是单纯使用改性剂与基质沥青制备的改性沥青有时却不能够满足这些要求,有可能存在稳定性差、相容性差、稠度不满足使用要求等问题。为了提高改性沥青的技术性质,更好地改善改性沥青的使用性能,在制备改性沥青的过程中通常加入一定量的助剂材料。

随着改性沥青种类的增多以及加工工艺和材料合成技术的进步,助剂材料的种类也在逐渐地增加。助剂材料对 SBS 改性沥青的工艺性能有明显的改善作用,助剂材料与改性剂有协同作用,不同的助剂材料对改性沥青的影响各不相同,使用时应根据具体要求进行选择。

SBS 改性沥青中最常用的助剂材料有稳定剂、增溶剂和增稠剂等。对于 SBS 改性沥青来说,稳定剂主要起提高储存稳定性的作用,可防止改性沥青发生离析、分层等现象。增溶剂主要起改善沥青与改性剂的相容性的作用,能够影响沥青组分的比例,使改性效果更加明显。增稠剂主要起增加改性沥青黏稠性的作用。

因此,为了进一步了解助剂材料对改性沥青的影响,本书采用 ATR 技术分别对增溶剂(糠醛抽出油)和增稠剂(特立尼达湖沥青和超细碳酸钙)进行红外测试,得到这些助剂的红外光谱图。

由于本书选用的稳定剂为硫磺,单质硫的吸收区间大约在波数 $200\sim300cm^{-1}$ 的范围内,不属于红外光谱范围,采用红外光谱仪测试稳定剂得到的红外光谱图是没有意义的,因此没有进行相关测试。

12. 特征峰识别

1) 糠醛抽出油红外光谱图

(1) 在波数 2800~3000cm^{-1} 左右有较强的吸收峰,其中 2920cm^{-1} 处为亚甲基—CH_2—的反对称伸缩振动,2850cm^{-1} 处为亚甲基—CH_2—的对称伸缩振动。

(2) 2335~2365cm^{-1} 处出现的峰为未能全部扣除背景中的 CO_2 而形成的。

(3) 在波数 1600cm^{-1} 处出现的峰为苯环骨架 C=C 键的吸收峰。

(4) 1460cm^{-1} 处出现峰形尖锐的吸收峰,这是甲基 C—CH_3 和—CH_2—中 C—H 面内伸缩振动的结果。

(5) 1375cm^{-1} 处的较强吸收峰归属于—CH_3 的对称变角振动(剪式振动)吸收峰。

(6) 在指纹区内,875cm^{-1}、815cm^{-1}、722cm^{-1} 处出现了吸收峰,归属于苯环上的 C—H 面外的弯曲振动吸收峰。

2) 特立尼达湖沥青红外光谱

(1) 在波数 2800~3000cm^{-1} 左右有较强的吸收峰,其中 2920cm^{-1} 处为亚甲基—CH_2—的反对称伸缩振动,2850cm^{-1} 处为亚甲基—CH_2—的对称伸缩振动。

(2) 2335~2365cm^{-1} 处出现的峰为未能全部扣除背景中的 CO_2 形成的。

(3) 1460cm^{-1} 处出现峰形尖锐的吸收峰,由甲基 C—CH_3 和—CH_2—中 C—H 面内伸缩振动的结果。

(4) 1375cm^{-1} 处的较强吸收峰归属于—CH_3 的对称变角振动(剪式振动)吸收峰。

(5) 800~1200cm^{-1} 处出现较宽的吸收峰,在 1028cm^{-1} 处渐显尖锐,此处的峰是由 Si—O—Si 伸缩振动引起的。主要由特立尼达湖沥青的灰分中含有的硅酸盐类矿物质引起。

3) 超细碳酸钙红外光谱

(1) 在波数 2800~3000cm^{-1} 左右出现较宽的吸收谱带,是由 H—O 键的不对称伸缩振动和对称伸缩振动所产生的。主要由超细碳酸钙微粒表面存在着的吸附水和羟基引起。

(2) 2335~2365cm^{-1} 处出现的峰为未能全部扣除背景中的 CO_2 而形成的。本图中由于样品中的二氧化碳浓度高于背景中的浓度,因而出现倒峰。

(3) 1424cm^{-1} 附近出现较强吸收峰,是 C—O 键的反称伸缩振动引起的。

(4) 872cm^{-1} 处有 C—H 弯曲(面外)强吸收峰。

(5) 712cm^{-1} 处出现的吸收峰,归属于 O—C—O 的面内变形振动吸收峰。

13. SBS 改性沥青红外光谱对比分析

根据上文的分析可知,基质沥青、SBS 改性剂、SBS 改性沥青各自红外光谱图具有自身的特征峰,图 3-25 为相同横坐标下基质沥青、SBS 改性剂与改性沥青红外光谱图比对。

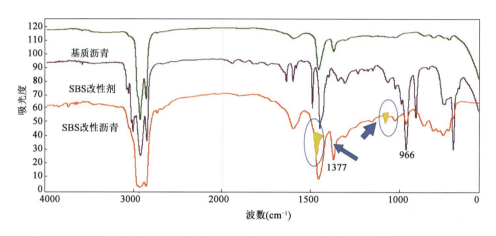

图 3-25　基质沥青、SBS 改性剂与 SBS 改性沥青红外光谱图对比

由图 3-25 可知,SBS 改性沥青、基质沥青均在波数 $2800 \sim 3000 cm^{-1}$ 左右有较强的吸收峰,吸收峰的位置基本一致,强度略有变化。$2335 \sim 2365 cm^{-1}$ 两者处均出现由于未能全部扣除背景中的 CO_2 而形成的峰。在波数 $1460 cm^{-1}$ 处基质沥青与 SBS 改性沥青均有吸收峰,但是在此处 SBS 改性剂也有由于苯环结构引起的吸收峰,故不能用来区分。波数 $1377 cm^{-1}$ 处特征峰是基质沥青和 SBS 改性沥青共有的,且 SBS 改性剂在该处没有特征峰,故可推断该峰为基质沥青的特征峰,可作为内标使用。

可以发现在指纹区,SBS 改性沥青与基质沥青的吸收峰有明显不同。SBS 改性剂和 SBS 改性沥青在波数 $966 cm^{-1}$、$698 cm^{-1}$ 处均有明显的吸收峰,而基质沥青没有出现吸收峰。$966 cm^{-1}$ 处的吸收峰为 SBS 中反式丁二烯的特征峰,$698 cm^{-1}$ 处的吸收峰为 SBS 中苯乙烯的特征峰,基质沥青由于不具有相应的官能团,因此没有出现特征峰。同时通过对比发现 SBS 改性沥青为物理改性,SBS 改性剂没有与沥青发生化学反应。因此可根据 $966 cm^{-1}$ 和 $698 cm^{-1}$ 处的波峰变化来分析 SBS 改性沥青中 SBS 改性剂的含量。

14. 光谱加和性分析

吸光度具有加和性的规律,如果介质中含有多种吸光组分,且各组分间无相互作用,则在某波长下该介质的总吸光度等于各组分在该波长下吸光度的加和。图 3-26 将基质沥青的红外光谱图与 SBS 改性剂红外光谱图按比例进行叠加(基质沥青光谱图 +4.5% SBS 改性剂红外光谱图)再与 SBS 改性沥青红外光谱图进行对比。

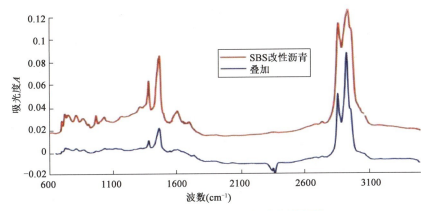

图 3-26　基质沥青与 SBS 改性剂红外光谱图叠加

SBS 改性沥青红外光谱图与叠加红外光谱图基本一致,这说明 SBS 改性沥青红外光谱图仅是基质沥青与 SBS 改性剂红外光谱的简单叠加,没有出现新的吸收峰,且吸收峰的位置和强度基本不变,没有明显的化学反应。

一般 SBS 改性沥青的改性方式属于物理改性,物理改性是我们通常所说的沥青改性形式。SBS 改性剂的加入没有引起化学反应,基质沥青与 SBS 改性剂为单纯的物理混合,表现在红外光谱图上就是没有出现新的特征峰或已有的特征峰不会发生变化。SBS 改性剂与基质沥青混合剪切后 SBS 中所含有的丁二烯、苯乙烯没有发生变化,即 966cm^{-1} 处的吸收峰和 698cm^{-1} 处的吸收峰没有发生变化。因此本书将对 966cm^{-1} 和 698cm^{-1} 处的波峰变化进行分析,观察各种因素对其的影响。

15. SBS 改性沥青质量控制方案

SBS 改性沥青相比基质沥青兼具高低温稳定性能,同时具有优良的抗水损害能力和更好的弹性和抗蠕变性能,在公路建设中越来越被普遍使用,改性沥青的质量优劣直接决定沥青路面的耐久性和使用寿命。众多试验表明,SBS 改性沥青优良性能取决于原材料的质量、SBS 的掺量、SBS 与沥青的配伍性、生产设备和生产工艺等诸多因素,因此要确保改性沥青的质量,就要严格控制上述因素。SBS 改性沥青生产主要分为现场改性生产和工厂化改性生产两种工艺。调查发现现场改性生产 SBS 改性沥青存在诸多问题,如下文所述。

(1)现场生产改性沥青生产设备落后,沥青快速升温和控温装置不满足要求,计量设备精度不够。

(2)生产用基质沥青品牌随意调换,以次充好,生产配方随意调整,SBS 改性剂掺加量未达到 SBS 改性沥青设计要求。

(3)SBS 改性沥青疏于沥青生产工艺控制,溶胀和发育时间普遍不足,未严格控制生产温度,导致生产的 SBS 改性沥青老化或者 SBS 改性剂未完全溶解,使得现场生产的 SBS

改性沥青技术指标特别不稳定。

针对以上存在的诸多问题,建议从控制原材料、生产设备、生产工艺质量抓起,改进现场。

16. 改性沥青生产工艺介绍

SBS 改性沥青的生产过程是指使 SBS 充分均匀分布于沥青中,吸收沥青中的饱和分和芳香分溶胀从而使得分子链展开,与沥青形成共混体系,达到均相结构,最后添加稳定剂,使 SBS 分子之间和沥青的分子之间发生交联反应,离散的 SBS 分子在基质沥青中形成了一个立体网络结构,使 SBS 改性剂与基质沥青形成立体的互穿网络结构,SBS 得以稳定存在于沥青中而不离析,从而达到对基质沥青的改性的目的。

SBS 改性沥青加工的设备工艺流程,主要分为以下几个步骤,如图 3-27 所示。

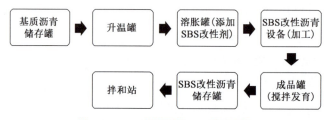

图 3-27　SBS 改性沥青加工工艺流程图

(1)将基质沥青从储存罐中打入沥青升温罐中,快速升温至 160~170℃。

(2)将升温后的基质沥青和 SBS 改性剂按设计比例分别通过 SBS 改性沥青设备上的计量泵和改性剂输送系统加入 SBS 改性沥青设备的溶胀罐中,边加料边搅拌,进行溶胀,溶胀温度控制在 180℃左右。

(3)启动胶体磨合变频调速泵,将溶胀罐中的 SBS 改性沥青通过胶体磨后进入到成品罐中,添加稳定剂继续发育一段时间。

(4)将加工好的 SBS 改性沥青泵送到带有搅拌器的 SBS 改性沥青储存罐中,在储存的时候进行后期发育,即生产出合格的 SBS 改性沥青,一般后期发育需要 2 小时左右。

17. 原材料选择

(1)基质沥青选择。

基质沥青的性质对于 SBS 改性沥青性能影响很大,基质沥青由四部分构成:饱和分、芳香分、胶质和沥青质。四组分的含量不同决定了沥青的质量并最终决定 SBS 改性沥青的质量和稳定性;例如芳香分含量高,则沥青的软化点降低,而针入度和延度升高,稳定性好;如果要求 SBS 改性沥青产品高温性能较好,可选取四组分中沥青质及饱和分含量稍高的基质沥青;如果要求改性沥青产品低温性能较好,可选取四组分中芳香分及胶质含量稍高的基质沥青。

国内外的研究结果表明,依经验来看,在四组分中组分指数[(饱和分+沥青质)/(芳香分+胶质)]在26%~32%时,基质沥青与SBS的相容性较好;大于32%时,SBS将难以溶解,生产的改性沥青储存稳定性很差。所以不同产地的基质沥青,对最终改性效果有着关键的影响。

经过和各个沥青生产厂家共同实验研究,结合考虑项目所在地区以及经济、效率等方面的因素,最终确定使用塔化和克拉玛依沥青作为基质沥青来制备SBS改性沥青。

(2)SBS选择。

SBS为苯乙烯-丁二烯-苯乙烯嵌段共聚物,采用4位数字命名。第一位数字中"1"表示线型结构,"4"表示星型结构;第二位数字表示丁二烯和苯乙烯的比例,如"3"表示二者的比例为70∶30,"4"表示二者的比例为60∶40;第三位数表示是否充油,"0"表示非充油,"1"表示充油;第四位数表示相对分子质量,"1"表示相对分子质量不大于10万,"2"表示相对分子质量为14~16万,"3"表示相对分子质量为228万。例如SBS1301指线型结构,丁二烯和苯乙烯的比例为7∶3,不充油,相对分子质量不大于10万。结构和SBS添加量不同会影响加工的分散性和产品的稳定性,影响SBS改性沥青的软化点、延度和针入度。所以SBS的选型和添加数量对SBS改性沥青的质量影响较大。线型改性剂与基质沥青配伍性较好,有较好的低温性能,星型改性剂与基质沥青的配伍性相对较差,但有着良好的抗高温性能。随着SBS含量的增高,改性效果逐渐增强,而当达到临界含量时,即当一个连续的聚合物网状结构形成时,沥青的高、低温性能将会大幅度改善,随后改性效果的增长率将降低,同时SBS改性沥青的稳定性也降低,因此一般SBS的掺量控制在4.2%~5.5%之间。

(3)稳定剂选择。

稳定剂的作用机理是其在一定的温度下产生活性游离基,与SBS等聚合物的分子链、沥青活性官能团发生交联接枝,使聚合物与沥青形成稳定的胶体体系,从而提高改性沥青的热稳定性,解决改性沥青的储存离析问题,加入稳定剂也可减少SBS的添加使用量,显著提高改性沥青的软化点,提高改性沥青的综合指标,使得产品具有良好的高温性能和低温性能。稳定剂的反应温度一般控制在165~175℃,添加量一般在0.1%~0.3%,反应发育时间一般需要1小时以上。

(4)助溶剂。

助溶剂多为可以提高SBS与沥青相容性的轻质油,如橡胶油、抽出油等。其会对SBS的溶胀过程产生影响。

综上所述,生产改性沥青,在综合考虑技术和经济指标基础上,一定要选择合适的基质沥青和改性剂,并且严格控制配方稳定性,才能确保改性沥青的质量。

18. 改性沥青配方控制

改性沥青的生产厂家和原材料应在项目建设单位的监督下进行招标。在项目招标时应当明确要求原材料的来源和配方,出具改性沥青配方及工艺要求的综合设计报告,在以后生产过程有原材料或者配方调整时应立即通知建设单位。

19. 技术特点

(1) 可靠。

采用红外光谱分析技术,从沥青的微观化学组成入手,通过特定官能团的特征吸收峰确定、辨别和区分沥青,数据真实可靠。

(2) 节约。

建立沥青指纹数据库,逐车进行红外检测。检测可以在 1 分钟内快速判定沥青品牌,筛选混兑调和沥青,提高沥青路面质量,提高管理效率,节约建设成本。

(3) 便捷。

便携式沥青指纹识别仪轻巧灵活,便于携带,适合在移动实验室和现场使用测样;使用 ATR 附件,沥青无须加热熔化,测试到分析一个样品只需 1 分钟(而沥青的国标全套数据测试耗时 6 小时以上),特别适用于施工现场及时、有效的监控沥青质量。

(4) 动态。

测试数据通过数据远程传输,让管理者实时监控并评价每一车沥青的质量情况,并为现场沥青处理提供问题解决方案。为项目管理者及时发现问题并进行决策提供可靠、有效的数据。

(5) 简单。

仪器和软件操作简便,测试人员只需经过简单培训就可掌握该系统的相关操作。

(6) 实时监控。

分析异常沥青并进行异常报警,短信通知管理者,实时发现并解决问题,实现了由效率低下的事后检测向实时动态监控的转变。

20. 技术优势

依托于交通运输行业西部地区特殊环境下公路养护技术协同创新平台,新疆交通建设集团、长安大学、哈尔滨工业大学、甘肃公路勘察设计院、西安依恩驰沥青科技有限公司等机构单位历时 3 年建立几十个沥青品牌的 10000+ 个标本库,且与 SK、壳牌、克炼、埃索、中石油、中石化、中海油等知名沥青炼厂直接合作取样,保证标准样本库的及时性和准确性。

21. 经济、社会、环境效益分析

(1) 经济效益。

此项技术的应用,将解决公路建设中原材料沥青的质量控制问题,确保稳定的沥青供应,严格控制施工质量及路面质量,同时,可以克服三大指标体系评价不准的缺点和 SHRP 评价体系昂贵且费时费力的缺点,市场前景广阔。预计每年可减少工程损失达上百万元。

(2)社会效益。

降低了质量安全风险,对提高生产效率、推进先进适用的技术以及加强公路信息化建设起到积极的作用。同时为今后沥青检测标准化提供技术支持,并且减少了不合格产品的应用。充分反映交通部门"注重质量"的管理理念。有效减少了不合格产品的应用,确保了工程质量,延长了使用寿命,降低检测、维修频率,减少公路交通后期维护的费用,对保护国土环境有着积极的作用。

二、沥青混合料路面施工动态质量监控系统

沥青混合料路面施工动态质量监控系统,是专门用于高速公路、一级公路、市内道路建设过程中,实时监控沥青混合料生产质量的专用软件。其集成了项目业主(建设单位)、监理单位、生产单位多级用户的业务协同管理的信息系统。

通过改造或利用现有的各类设备,沥青混合料路面施工动态质量监控系统充分利用基于物联网架构的传感技术和基于 2.5G、3G 和 4G 的网络传输技术,将沥青混合料的生产过程、施工过程等数据信息,通过 GPRS 网络及时上传至服务器,动态、真实地反映沥青路面施工的质量状况,实现在各个环节对沥青路面施工质量的动态控制,提供分析预警机制,及时分析质量问题,发现质量波动状况,形成质量追溯档案,确保沥青路面施工质量的目标实现。其作用机理是对沥青路面施工过程进行跟踪观测,并将观测结果与计划值进行比较,若发现偏差,则进行纠偏,做到防患于未然。

1. 系统介绍

该系统以大量试验及监测数据为基础,运用质量动态管理的理念,采用物联网、嵌入式传感器,无线数据通信等先进的软硬件技术,对沥青混合料生产过程、运输过程、摊铺碾压过程等重点施工质量监控数据进行实时采集、统计、分析,并通过 GPRS/3G 无线网络传输至管控平台,实现对路面施工过程的动态监控。系统实现了对工地试验室部分关键参数和沥青混合料生产、施工关键参数的实时采集、传输、分析、预警、评价,及自动生成标准表格。系统也实现了数据查询、归档管理等信息化功能。系统主要功能包括以下五个方面:

(1)解决沥青面层原材料质量控制问题。通过实时微调极配曲线,使操作员既可以通过微调配合比避免溢料,又不会影响最终产品质量。

(2)完成沥青材料运输过程监控。对成品沥青混合料运输车辆进行智能识别及跟踪。

(3)通过数字化方式监控路面压实情况。通过安装高精度传感器,实时监控压路机

轨迹、精确测定压实温度、压实速度、路面密度等数据。

（4）数字化管控路面摊铺状态。精确测量虚铺厚度、摊铺温度、摊铺速度等信息。

（5）分级管理，权限分层，达到项目管理的高效性及准确性。

2．系统组成

沥青混合料路面施工动态质量监控系统是施工综合管控平台，系统的从沥青材料至道路碾压的全过程管理，极大地提高了施工管理质量，解决了施工过程中无法全程监管的难题。该系统主要有以下三个组成部分：沥青拌和站质量监督管理系统；沥青混合料运输管理系统；沥青混合料摊铺碾压质量监控系统。

1）沥青拌和站质量监督管理系统

（1）沥青拌和站质量监督管理系统介绍。

沥青拌和站监控系统根据项目设计要求等指标对沥青混合料生产过程进行严格监测，实现生产过程中的数据实时监测，并进行数据的实时分析、上传。系统严格监测生产过程中的热料仓温度、沥青温度、混合料出料温度、油石比、拌和产量、级配等各项数据，并具有实时报警的特色功能，可以通过多种方式进行数据查看和报警。其中通过基于互联网的移动设备对生产数据远程查看这一方式可以帮助施工方、业主以及第三方监理等各个部门进行实时的生产质量查看。并且动态质量监控系统（RQS）还可以通过对成品沥青混合料运输过程的监测，保证生产和运输过程完全符合施工管理"质量可分析、过程可视化、责任可追溯"的管理理念。

该系统前台主要是以图、表的形式展现生产质量数据和结果（图3-28、图3-29）；后台主要是对采集到的各种原始数据进行分析计算和统计，以为前台的展示提供数据支撑。

图3-28　系统平台主界面

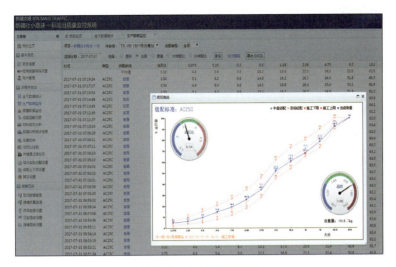

图 3-29　配合比级配曲线

（2）系统技术特点：

①提出了目标配合比系统和基于目标配比的生产配合比系统。

②通过浏览器/服务器（B/S）技术实现网站管理功能，实现了各级项目管理人员对沥青拌和楼的远程动态质量监控，为项目管理者发现问题并进行决策提供可靠、有效的数据。

③建立专家数据库，分析数据并进行异常报警，实现了由效率低的事后检测向实时动态监控的转变。

④提高了沥青混合料质量检测效率，实现了对级配、关键筛孔、温度、油石比的严格控制，为提高路面工程质量提供了一种新的、有效的控制技术。

⑤动态质量监控系统的应用，减少了混合料的等料、溢料问题，降低材料浪费，提高拌和楼沥青混合料的生产效率，可为建设者节约建设投资成本。

⑥对不合格料实时报警，并以短信形式通知项目管理者。

⑦工程项目管理者可以利用专家数据库，对产品质量进行定期动态质量抽查和分析，避免事后分析造成的经济损失。

2）沥青混合料运输管理系统

（1）沥青混合料运输管理系统介绍。

沥青混合料运输管理系统采用高精度 GPS 设备对于车辆行驶轨迹、时间、起始点进行全程监控，通过车辆识别卡控制车辆运输物料的批次，区分不同时间段产生的沥青混合料，做到信息化把控成品料质量，并通过位置信息实时计算提示驾驶员超速、超出电子围栏等违规情况。同时以沥青混合料为主线，将前场和后场的数据进行对应关联。

(2)系统技术特点。

①可高精度车辆定位,监控运输车辆位置信息。

②通过车辆识别卡记录运料车辆驾驶员的基本信息、接送料时间、运料重量等数据。

3)沥青混合料摊铺碾压质量监控系统

(1)沥青混合料摊铺碾压质量监控系统介绍。

沥青混合料摊铺碾压动态质量监控系统,是在摊铺机、压路机上安装温度测量仪、全球导航卫星系统(GNSS)高精度定设备、红外测温传感器等,实时监测并评价每一时刻沥青混合料摊铺碾压的总体质量相关数据,如摊铺温度、碾压次数、初终压温度等(图3-30),是否能达到和满足施工技术要求。同时,系统在施工过程中将所有质量检测及统计结果通过通用分组无线服务技术/码多分址(GPRS/CDMA)发送给项目管理者,在无网络的边远地区可以采用无线电台进行数据传输,短信预警功能可以高效地为项目管理者发现问题并进行决策提供可靠、有效的数据。

图3-30　沥青混合料摊铺碾压质量监控系统指导施工车辆

采用高精度 GNSS 定位控制技术、红外测温技术和密实度测算技术,通过 NAV-CP3 应用软件解算定位信息,计算密实度值和温度值、通过显示器显示碾压次数、密实,压实前后实时温度,通过蜂鸣给用户提示漏压、过压等报警信息,指导操作手高效高质量作业。对提高沥青路面质量,提高管理效率,节约建设资金,保证监测数据的真实及可靠性。

(2)系统技术特点。

①通过高精度 GNSS 系统、红外温度测定仪等对摊铺机摊铺环节进行实时监测,可分析出摊铺速度、摊铺温度、整体施工进度等,采集数据通过 GPRS 传输到服务器,通过计算机分析,判断摊铺是否符合技术要求,对于不规范的摊铺速度、温度进行报警,全面监控摊铺进度实时进展情况。

②通过高精度GPS、压实监测设备等,对压路机碾压环节进行监测采集。实时采集数据发送到服务器数据库,通过计算机分析,判断现场碾压工艺方案是否符合项目公司管理要求,现场压实的均匀性以及压实度是否满足设计要求,以醒目的颜色区分压实质量。

③建立专家系统,分析数据并进行异常报警,实现了由效率低的事后检测向实时控制监测的突破。

④对不合格情况实时报警,以短信形式通知项目管理者。

⑤项目管理者可以利用数据库,对当天的摊铺碾压质量进行定期动态质量抽查和分析,避免事后分析造成的经济损失。

3. 系统在项目中的实际应用

以五富项目第三标段为例,通过在路面施工中应用拌和站混合料动态质量监控系统,对水稳及沥青混合料的生产质量进行了有效控制,提高了施工管理水平,在沥青混合料的生产使用过程中做到了:事前,可进行质量预控;事中,可及时准确地采集反馈信息,对生产、施工过程进行动态管理;事后,可对全过程的数据进行汇总分析。既保证了施工进度,又能降低质量事故的发生概率。同时也减少了由于返工和不合格水稳及沥青混合料的废弃而造成的经济损失。系统的应用实现了水稳及沥青混合料路面施工工艺的标准化、信息化和科学化,该系统目前在新疆维吾尔自治区高速公路路面施工中应用较少,具备良好的推广应用前景。

1) 工作原理

智能动态监控下的沥青混合料路面施工主要通过软件完成生产过程中的各类数据的实时采集、监控及数据利用。所有数据通过GPRS无线传输模块,发送到远程服务器,并在解析后存到数据库中,与采集数据一起参与配合比设计,以保证数据的科学性。

在已有拌和楼质量控制系统的基础上,对拌和设备终端加装数据采集仪,将采集的质量数据即时上传信息平台,由服务器远程监控场(站)拌和设备工作的稳定性。该系统基于对沥青混凝土拌和站生产的矿料级配、油石比、拌和时间、拌和温度等质量数据准确采集,通过对采集到的数据进行对比换算,利用统计原理和施工动态控制的方法,能为质量控制提供最为基础、真实、快捷的施工数据,并通过预先设定的警戒值,及时判断、预警施工的不合理波动,从而提高施工质量的稳定性,减小变异系数,以达到控制沥青混合料的生产质量,提高施工管理水平的目的。下图为DTJ沥青混合料动态质量监控系统工作原理图(图3-31)。

2) 工作流程

准备工作→拌和站调试→沥青混合料动态质量监控系统安装调试→沥青混合料拌和。

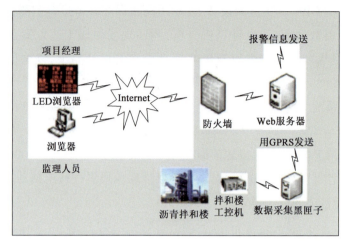

图 3-31　DTJ 沥青混合料动态质量监控系统工作原理

3) 操作要点

(1) 准备工作。

①基层准备:做好基层的准备工作,施工放样完毕,做好交通的封闭和疏导,并做好各项安全防护措施,完成沥青混合料的生产配合比设计。

②机械的检查:对摊铺机、压路机进行检查,保证其运行正常,符合施工要求。

(2) 拌和站调试。

检查拌和站计量精度、控制好拌和站拌料稳定性,以确保拌和站的运行情况良好。

(3) 沥青混合料动态质量监控系统安装调试。

①在运行情况良好的拌和站安装沥青混合料动态质量监控系统,输入各项关键参数指标,在计算机控制软件里输入项目信息,进行施工、监理、业主各方的授权。

②进行调试,将相关负责人的手机与系统联网,可及时收到报警信息(图 3-32)。

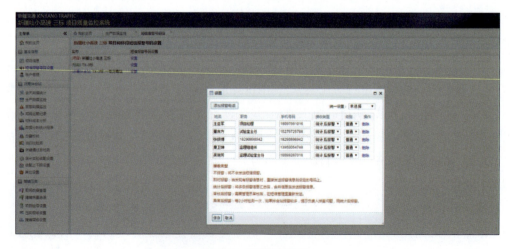

图 3-32　报警信息设置

③通过调研依托工程拌和站的型号和功能参数,开发相应数据动态接收软件,并进行数据接收(包括数据实时提取、无线远程传输与接收等)的现场调试,最终建立沥青混合料拌和站数据动态提取关键技术(图3-33)。

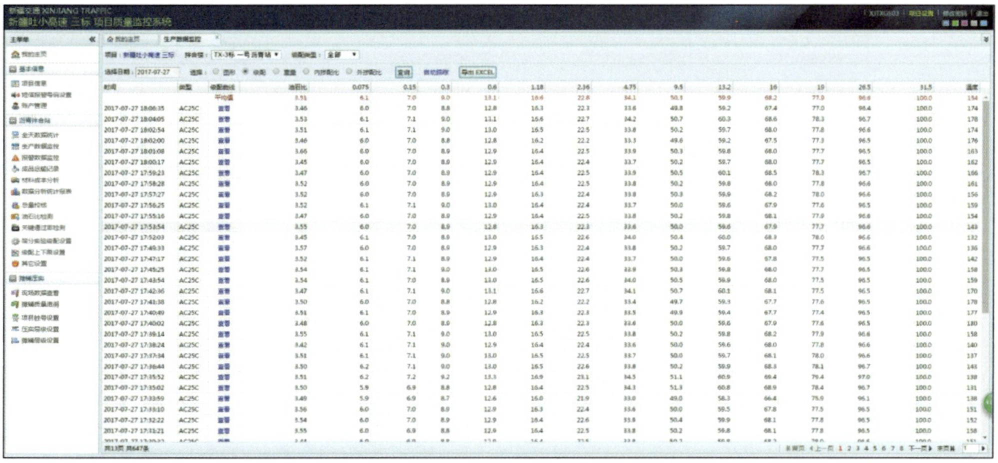

图3-33 生产数据监控

(4)沥青混合料拌和过程监控。

①采用施工生产配合比进行沥青混合料的拌和,同时沥青混合料动态质量监控系统对接收到的海量数据进行编程自动计算与分析,自动计算分析出沥青混合料级配、油石比等关键指标,并在拌和站现场 LED 电子显示屏显示,不需要管理者通过后台查询,工作人员直接在现场随时观察沥青拌和料质量数据,提高了工作效率,方便快捷,运行可靠。

②在混合料拌和过程中随时与生产配合比动态比对,超出容许偏差可及时报警,相关技术人员收到信息可及时纠偏,实时有效控制沥青混合料级配及油石比。真正实现了动态实时预警及对生产过程的及时分析与调整,为今后沥青路面施工达到标准化、信息化、科技化的高品质要求提供了技术支持。

③监测沥青及矿料加热温度、各种材料用量累计统计分析、控制生产中各种工艺关键参数波动及对智能分析(图3-34),保证沥青混合料的拌和品质。

4.系统效益分析

1)经济效益

(1)可实现沥青混合料拌和、运输、摊铺碾压施工全过程数据的自动实时采集、传输、远程监控及动态智能实施指挥及纠偏;每年可减少直接工程建设损失达数千万元,创造直接生产效益上亿元(节约路面工程成本造价的10%);已经成为业主、建设单位、施工单位控制路面工程的施工质量不可缺少的精细化、智能信息化、实时动态化纠偏的物联网+工程智能调度指挥工具。

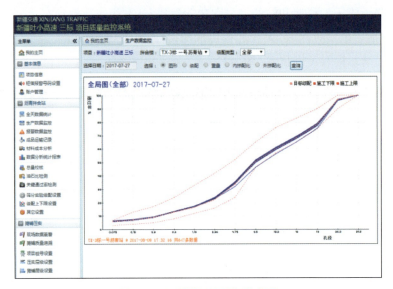

图 3-34　生产数据监控及智能分析

(2)可进行合理的施工进度规划,可大大加快施工进度,对于施工项目来说施工周期就等同于施工成本。通过加快施工进度,可间接节省施工成本,施工任务可提前 1~3 个月完成。

2)社会效益

(1)提高了生产效率,改变了工作模式,大大减少了施工对附近居民带来的不便的时间。

(2)降低了质量安全风险,对提高生产效率、改善工况条件、推进先进适用的技术以及加强公路信息化建设起到积极的作用。

(3)为今后沥青路面施工达到标准化的要求提供技术支持,具有广阔的推广前景。

(4)能够确保路面施工的质量安全,在减少质量事故的同时,可减少废料的产生,从而对保护国土环境有着积极的作用。

5．系统必要性及意义

随着信息化工地理念的不断推进,该系统已经完整投入到 G30(连霍高速)吐鲁番—小草湖段项目。针对施工项目利用信息化管控方式来开展具有针对性的管理工作,对于目前的公路建设来说是十分必要的。信息化管理具有以下特点。

协同性强:施工队伍往往涉及众多部门,需要不同层次、不同技术类别的人员相互配合,协调工作,如果用单一的人员直接管理可能会导致管理不当、规划不合理等情况,而信息化管理可以便捷地解决这一问题。信息化管控平台通过结构化管理,分类分阶段地合理规划施工进度、协调施工队伍,使资源最大化利用,可大大提高施工效率。

环节把控:把控施工的整个过程是十分困难的,一个从无到有的过程需要循序渐进,信息化管控就能够对施工整体把控,宏观调整,使施工环节环环相扣,面对每一个环节每一项具体工作,管理层面都要进行严格合理的协调。

统筹兼顾:施工工艺虽然复杂严格,但是施工过程更是复杂多变,外界因素、突发事件都会影响施工进度,经常需要临时调整施工进度方案。信息化管理可以从全局考虑,整体把控施工进度,根据不同的突发情况做出科学合理的决策与调整,最大程度地保证施工进度。

信息交互:施工过程往往需要各个施工板块的信息及时共享,避免因某个环节产生的小问题影响整个施工进度,这就需要信息化的管控,将每个施工环节的信息及时有效的统计分析,及时规避违规产品的使用。环环相扣的施工环节之间需要及时的信息共享才能使各关节顺利运行。信息化就如同流淌在各环节中的"血液",各施工环节就如同"器官"一样,血液的畅通才能使各器官正常有序的工作。

沥青混合料动态质量监控系统已经逐渐完善,即将成为一个成熟的施工管控体系。使用全信息化管理的技术手段,使得项目建设工期大幅缩减,质量监控也得到技术保障。利用信息化管控方式针对施工特殊需求定向解决管理难题,首先能将信息化技术的优势充分发挥出来,使施工管理更加便捷、有序。而且,通过"互联网+施工管理"的模式,使得施工规范也更加普及化、便捷化,通过信息化平台建立起标准化的管理运维体系,保证整个施工过程有条不紊地协调工作,方便决策者更合理地规划施工进度。

其次,如今的施工逐渐取向高端化、复杂化,需要各环节更紧密地配合,信息共享的需求也急剧增加,在这种趋势下,只有利用信息化的方式去连接整个施工过程,才能准确又快速地进行施工,这样一来各个施工环节就能够更加清晰明确、合理高效。整个施工过程也将更加严格地规范化,在达到施工设计规范标准的前提下大大提高施工效率。

最后,通过信息化技术可以更加结构化地管理施工进程,分门别类地组织人员、机械的工作任务,可以有针对性地调整施工重心,更加合理高效地控制施工进度。同时,数字化施工信息存档,使得施工质量被更加严格地管理,可查询、可追溯的信息化管理构建更加可靠的施工体系。

三、安全质量智能视频监控系统

随着新疆公路的快速发展,大型公路工程建设的现代化、科学化和信息化管理的要求越来越高。由于目前在公路项目的建设中,各标段的拌和站比较分散,现场环境复杂,这成了日常施工管理、质量管理、安全管理的薄弱环节。管理人员对施工现场的安全情况、施工作业人员的操作规范程度、工程施工进度的监管缺乏有效、直观的管理手段。为了确保建设工程的施工安全,传统的监督方法是依靠安全管理人员深入工地检查,但由于人力有限、效率低下,传统方法已经不能适应近年来施工规模日益加大的新形势。

智能网络视频监控建立后,工程项目的管理人员在建设指挥部、项目经理部、监理工程师办公室及其他有网络终端的位置即可对拌和站、施工现场和工程施工环境进行监控,可以大大减轻日常管理人员到现场巡视的工作量,也便于及时发现隐患,保障安全生产,提高富五高速公路的管理信息化和科学化程度。因此,加强工地现场的安全监管手段,特别是在重点部位建立视频监控系统显得尤为重要。本节结合工程项目实际,针对安全质量智能视频监控系统在本项目的应用进行总结,为今后公路项目建设中安全质量智能视频监控系统的建立提供经验。

1. 施工现场视频监控系统的建立

1) 根据工程性质和需求在施工现场建立视频监控系统

针对多点分布的工程,应建立一套完善的施工现场视频监控体系。视频监控系统由网络视频远程监控、自动监测系统组成。现场管理人员可以通过监控系统采集、传输、查询、分析所存储的数据,全过程应无人干预,确保数据的真实可靠。

2) 视频监控系统方案设计

通过对施工现场的考察,根据各合同段的分布情况,基本确定在拌和站区域安装视频监控系统,信息传送上采用网络方式进行传输。此次安装的监控设备采用200万像素红外枪式网络摄像机,传感器有效像素1920×1080、200万像素高清红外网络高速智球机(20倍光学变焦、焦距5.5~110mm、红外补光距离≥150m角度可根据焦距可变、0°~360°连续旋转、支持预制点、自动巡),2盘位NVR录像机(256Mbps网络视频接入带宽、支持32个SATA接口、最大单盘容量6TB)。保证系统在夜间也能实现有效的监控。安装应考虑到设备的安全和监控区域建筑物的高度,镜头安装的位置要适当。为了能够随时掌握工地现场的情况,将前端总控放置在项目部,服务器放置于指挥部,将视频信号接入各监理工程师办公室。

3) 系统组建应用

在各项目部的拌和站安装高清摄像头,通过视频监控系统使管理人员能够实时观察现场的作业情况,能够第一时间掌握现场情况(图3-35~图3-37)。当发现有违反操作规程的情况时,可第一时间通知现场负责人,及时进行整改,从而保证工程质量。同时,这也能实时对现场的施工安全进行监督管理,可以随时了解现场工作人员是否遵守安全操作规程,是否佩戴安全劳保用品,施工现场是否存在安全隐患等,发现问题能够第一时间进行处理。这大大提高了管理的便利性和便捷性。视频监控系统的建立不但可作为监督系统,同时也提高了现场作业人员的积极性与自律性。

通过安装监控设备,指挥部、监理办、项目部可以全天候、多方位地看到各合同段拌和站的实时工作进展情况,有效地节省了人力物力;实时监控录像还可以被随时调出,方便对存在争议的问题进行举证。同时,这也能约束活动区域人员的行为,起到一定的督促作用,有利于各级管理人员把握全局,了解生产、工作情况,提高工作效率。

图 3-35　富五二标拌和站摄像头

图 3-36　指挥部显示屏实时监控

图 3-37　现场显示屏实时监控

视频监控技术在施工现场管理中的应用,进一步规范了施工现场的管理,增强对各种工程的质量管理、进度管理、成本管理、资源管理、安全管理、现场管理等方面的监管力度,为项目管理人员提供数字化的施工生产视频监控信息,实现了安全、文明、规范、高效施工。视频监控系统因其直观、方便、快捷、信息内容丰富而将在工程项目管理中得到广泛的应用。

本项目是全疆第一个应用网络监控技术的工程项目,立足实际,紧跟时代步伐,广泛运用现代网络数字化技术,结合项目自身情况不断创新、进步。同时,将创新成果运用于项目,为将本项目建成一条高效优质的利国富民大道奠定了坚实基础。

2. 工地信息化建设的意义

在 21 世纪之初,人类正走进以信息技术为核心的知识经济时代,信息资源已成为与材料和能源同等重要的战略资源;信息技术正以其广泛的渗透性和无与伦比的先进性与传统产业结合;信息产业已发展为世界范围内的朝阳产业和新的经济增长点;信息化已成为推进国民经济和社会发展的助力器;信息化水平则成为一个城市或地区现代化水平和综合实力的重要标志。利用好现代化计算机信息化物联网技术,让信息化指导公路路面施工,让信息化数据更好、更快、更直接地服务于公路沥青路面施工的质量控制,来确保沥青路面施工具有合格的质量且符合公路沥青路面施工规范要求。建立健全一整套路面数字化施工质量动态监测系统来指导、提高路面的施工质量是必要的。

随着互联网及计算机信息技术的发展,道路施工质量信息化已成为当前道路施工质量监管的重要发展趋势。施工过程的实时监测、远程查看、过程回放等质量监管手段,均需要通过建设开放性的管理平台来实现。

四、小结

以上介绍了沥青指纹识别仪技术原理,快速检测系统的检测硬件、客户端软件及后台数据库服务器的组成,并对该仪器的操作流程进行详细讲解,同时介绍了沥青指纹识别快速检测系统对改性沥青 SBS 掺量检测的原理及方法,也体现了改性沥青质量控制方案,做到从源头把控以及对施工过程进行实时监控,保证施工质量。

本节详细介绍了沥青指纹识别快速检测系统在富五项目建设中的应用,通过使用该系统对基质沥青及改性沥青进行红外光谱检测,使路面工程施工进度及质量得到较大提升。相比传统沥青检测方法,沥青指纹识别快速检测系统更加方便快捷,得出的结果受外界干扰因素较少,体现了信息化施工创新、灵活、更准确的优点,也体现了富五项目信息化管理水平较好。

以富五项目信息化管理施工为实例,对沥青混合料路面施工动态质量监控系统和安全质量智能视频监控系统在富五公路建设中的应用进行了说明。通过对沥青混合料路面施工质量的控制,使路面沥青施工更符合国家质量要求,并保证了施工过程中质量的全程监控。总结如下:

(1)"互联网+"信息化管理可以使工程建设信息的传递效率大大提高,可节约各方各单位传递信息的时间成本,节约工程造价。

(2)"互联网+"信息化管理是施工质量的保障,可以从材料源头进行监管,在施工过程中进行监控,保证施工质量。

(3)"互联网+"信息化管理能够第一时间掌握现场情况,保证工程质量。

(4)"互联网+"信息化管理可以及时对施工质量不合格区域进行报警提示,及时做出调整以保证后期施工质量。

第三节 无人机在工程管理中的应用

一、技术简介

无人机遥感(Unmanned Aerial Vehicle Remote Sensing),是利用先进的无人驾驶飞行器技术、遥感传感器技术、遥测遥控技术、通信技术、GPS差分定位技术和遥感应用技术,具有自动化、智能化、专用化快速获取国土、资源、环境等空间遥感信息,完成遥感数据处理、建模和应用分析的应用技术。无人机遥感系统由于具有机动、快速、经济等优势,已经成为世界各国争相研究的热点课题,现已逐步从研究开发发展到实际应用阶段,成为未来的主要航空遥感技术之一。

无人机是通过无线电遥控设备或机载计算机程控系统进行操控的不载人飞行器。无人机结构简单、使用成本低,不但能完成有人驾驶飞机可执行的任务,更适用于有人飞机不宜执行的任务,如危险区域的地质灾害调查、空中救援指挥和环境遥感监测。

按照系统组成和飞行特点,无人机可分为多旋翼无人机、固定翼型无人机、无人直升机三类。

固定翼型无人机通过动力系统和机翼的滑行实现起降和飞行,遥控飞行和程控飞行均容易实现,抗风能力也比较强,类型较多,能同时搭载多种遥感传感器。其起飞方式有滑行、弹射、车载、火箭助推和飞机投放等;降落方式有滑行、伞降和撞网等。固定翼型无人机的起降需要比较空旷的场地,比较适合矿山资源监测、林业和草场监测、海洋环境监测、污染源及扩散态势监测、土地利用监测以及水利、电力等领域的应用。

无人驾驶直升机的技术优势是能够定点起飞、降落,对起降场地的条件要求不高,其飞行也是通过无线电遥控或通过机载计算机实现程控。但无人驾驶直升机的结构相对来说比较复杂,操控难度也较大,所以种类有限,主要应用于突发事件的调查,如单体滑坡勘查、火山环境的监测等领域。

遥感传感器是根据不同类型的遥感任务,使用相应的机载遥感设备,如高分辨率CCD(电荷耦合器件)数码相机、轻型光学相机、多光谱成像仪、红外扫描仪、激光扫描仪、磁测仪、合成孔径雷达等。使用的遥感传感器应具备数字化、体积小、重量轻、精度高、存储量大、性能优异等特点。

目前的无人机遥感系统多使用小型数字相机(或扫描仪)作为机载遥感设备,与传统的航片相比,存在像幅较小影像数量多等问题,针对其遥感影像的特点以及相机定标参数、拍摄(或扫描)时的姿态数据和有关几何模型对图像进行几何和辐射校正,开发出相应的软件进行交互式的处理。同时还有影像自动识别和快速拼接软件,实现影像质量、飞行质量的快速检查和数据的快速处理,以满足整套系统实时、快速的技术要求。进一步地建模、分析使用相应的遥感图像处理软件。

综上所述,无人机技术在军事、电力、测绘等行业运用最多,而在公路工程领域虽也有一些运用,但是深度和广度还不够,基本都处于初步尝试阶段,因此有必要对无人机在公路工程中的深入运用进行探讨。

二、技术现状

随着经济建设的发展,我国诸多部门都已拥有了大量的卫星遥感影像和传统航空摄影数据,但局部地区对实时性、机动性、高分辨率遥感数据的需求也明显增加。相对于传统的以卫星、大飞机、人工全站仪等设备为搭载平台的遥感数据和影像资料获取大范围的地理信息,低空无人机航摄遥感具有机动、灵活等优点,其可以对带状地形进行大比例尺的地形图测绘,而且在公路勘测及日常养护测绘和地质灾害的应急测绘上都有很好的效果,因此其在公路勘察上有很高的实用性。无人机航测遥感技术是继卫星遥感、飞机遥感之后发展起来的一项新型航空遥感技术,在应急测绘保障、国土资源监测、重大工程建设等方面得到广泛应用。它是一种机动灵活、可以实现快速响应的一种航测技术。低空无人机航摄遥感是以低速无人驾驶飞机为空中遥感操作平台,用彩色、黑白、红外、摄像等技术从空中拍摄地表地物、地貌影像,并用计算机对影像数据信息进行加工处理。汇集了遥感、通信、GPS差分定位、遥控等技术与计算机软件处理技术的新型应用技术。

当前,在公路带状地形测绘中所采用的方法主要有GNSS-RTK测绘法、全站仪测绘法和传统的航空测绘法。其中,GNSS-RTK测绘法和全站仪测绘法所需的人力物力都比较多,且测量难度也比较大,对一些建筑密集的地带无法精确测量。而传统的航空测量受到天气的影响较大,并且成本费用高、拍摄周期长等缺陷限制了其发展。近年来,随着无人机低空航摄技术的发展,以其低成本、易操作、适用于危险区测绘和快速检测等优势,在相关测绘领域得到广泛关注。

三、技术组成

无人机航摄系统是以无人机为飞行平台,利用高分辨率相机系统获取遥感影像,利用空中和地面控制系统实现影像的自动拍摄和获取，同时实现航迹规划和监控、信息数据压缩和自动传输、影像预处理等功能，是高度智能化、稳定可靠、作业能力强的低空遥感系统。

(1) 无人机应用分类

无人机的种类通常按有效载荷与续航时间划分，包括如下四种类型：①大型无人机。性能高、有效载荷大、续航时间长，基本可以达到和有人机相近的性能，但因为价格过高，所以应用度不高。②中型无人机。有效载荷在20kg左右，续航时间可以达到2h，具备较稳定的飞行姿态，所以可以使用摄影云台等需要姿态稳定的摄影设备，还可以使用姿态定位系统。虽然价格也比较高，但作为民用航测平台比较理想。③小型无人机。飞行的性能和姿态稳定性都很低，摄影效果也较差，获得的影像很难在普通的摄影测量工作站处理。最大的优点是价格便宜。④超轻型无人机。为了节省动力而使用了三角翼，有效载荷很小，通常不超过1kg，续航时间也只有半小时左右，并且抗风能力和飞行姿态都很差，拍摄的影像需要专门的摄影测量软件才能处理，普通的软件无法处理。但由于摄影测量方面的数据处理技术不断进步，所以这个问题正逐渐得到解决，兼之该系统的价格非常低廉，所以其在小型工程项目上具有适用性。

(2) 硬件组成

无人机测绘遥感系统由无人机飞行平台、传感器、飞行控制系统、地面监控系统以及地面运输与保障系统五部分组成。国内比较成熟的飞行平台有"垂直尾"型无人机、"双发"型无人机、"倒桅尾"型无人机等，一般搭载高端单反数码相机。无人机飞行控制系统主要包括自动驾驶仪、GPS导航仪、姿态控制仪、高度计、气压计等。关键技术为GPS导航控制的定点曝光技术和相机旋偏改正技术。地面监控系统主要包括通信系统、监控软件系统和维护系统。

(3) 软件组成

无人机航空摄影及影像处理比传统航测复杂很多，为保证航摄质量需进行精确航摄规划、航摄质量快速检查及影像快速预处理等，完成这些工作需配置相应的软件，常用的无人机数据处理软件有：Pix4Dmapper、PhotoScan等。

精确航摄任务规划软件主要用于航摄任务规划，功能包括：设计成果统计与制图、自动/半自动航摄分区、自动航线敷设、自动调整曝光点间距、航线间距，保证立体观测重叠度指标、修改编辑曝光点、航线功能、构架航线、基站布设功能、片数、航线长度、距离等统计报告。航摄质量快速检查软件包括以下技术内容：快速浏览影像质量、检查重叠度指标、检查旋偏角指标、自动预览索引图、影像自动批量打号、输出航摄质量检查统计报表、快速检查飞行数据覆盖情况。软件提供数据可供决定补飞以及撤场事宜，同时直接关系到作业效率、飞行质量检查与评价。软件最核心的指标是重叠度和旋偏角，必须满足航测规范的要求。两张相邻航片,通过一对同名点即可根据影像宽度计算重叠度和旋偏角,数字航片原始片像素数固定,按照同样方式重采样后的预览片也可计算重叠度。

四、技术运用

1. 准备工作

在公路测区带进行无人机现场航飞作业前,应提前充分收集测区自然地理概况、测区已有测绘成果、旧图资料、交通图,并整理测区及周边地区已知控制点的点之记及其坐标资料,了解测区的地形地貌、气候环境和重要设施的分布情况,以便进行后续的航线设计和作业计划等工作。具体工作如下:

(1) 对 PhotoScan、Pix4Dmapper 等无人机数据处理软件进行测试,选出可正常工作的软件;

(2) 实时动态载波相位技术(RTK)调试,对相机、降落伞、各设备电源、飞机伺服机构等进行检查;

(3) 在地面站上规划飞行航线,导入 Googleearth 进行安全检查;

(4) 提前查看所测区域近期天气情况,以保证无人机可以正常飞行;

(5) 利用 RTK 进行像控点的布设,布设规格为每 500m 一个像控点;

(6) 进行工作环境分析,准备衣服、食物、水等物资。

2. 相控点的布测

选点人员在实习选点和埋石工作前,应根据任务的需要收集测区内及测区附近现有的资料,包括测区 1:50000 或更大比例尺的地形图,已有各类平面控制点(三角点、导线点等)、水准点及 GPS 控制点的相关资料等;了解和研究测区内的相关情况,特别是交通、通信、供电、气象及大地点等情况,然后根据项目任务书、合同书等在地形图上进行设计。在进行像控点布测的同时,应寻找和确定测区及测区附近无人机起降场地,要求如下:场地远离人口密集区、高楼、高压线、水源等,地势地形相对平坦;附近无机场、军事敏感区或对无人机通信有影响的通信塔等干扰源。此外,为控制公路全区域图像拼接的接边误差,利用 RTK 仪器沿公路两侧按 Z 字形每公里内至少布设 5 个控制点,用以对所获取影像进行纠正。具体控制点布设,如图 3-38 所示。

图 3-38 控制点布设

3. 现场航拍作业

在无人机摄影系统航拍期间,地面监控人员应时刻监视无人机的航高、航速、飞行轨迹等,若出现异常情况,应及时控制其返航。无人机在完成航拍任务返航时,监控人员提前做好降落准备,以便操控手遥控无人机进行伞降回收。降落后,对照片数据及飞机整体进行系统性的检查评估,同时注意导出和检查影像数据和GPS数据,结合贴线率和姿态角判断是否复飞。具体步骤如下:

(1)对飞行的地形进行考察,根据地形选择视野开阔、地势平坦的区域作为飞机起降点;

(2)打开计算机,调试软件和设备,尽量把天线架在高处,以便无人机接收电台信号;

(3)组装无人机并检查设备是否能够正常运行,检查无问题后起飞,在操作平台上观测无人机飞行情况;

(4)无人机降落,取回无人机并导出数据。

4. 内业数据的处理

内业数据的处理是无人机低空遥感应用的核心工作,主要依靠商业软件来完成相关任务。以中海达公司的无人机后期处理软件 PhotoScan 为例,处理模块大致如下:

(1)准备原始资料,包括影像数据、位置(POS)数据以及控制点数据,数据预处理,POS 数据与照片数据的比照,要确保原始数据的完整性,检查照片匀色处理导出无畸变照片。

(2)为此次数据处理建立一个工程,导入 POS 数据并设置 POS 数据坐标系。使用像控点编辑器加入控制点需要逐个将控制点在相片上刺出,刺出后这些控制点可以结合 POS 数据进行空三运算,得到每一张航拍影像的准确外方位元素和加密点的坐标。然后进行点云加密,PhotoScan 高级算法能够计算每一个像元的高程值,生成三维点云,来提高数字高程模型 DEM 和数字正射影像图 DOM 的分辨率和准确性。完成空中三角测量后,进行 DEM 获取和正射影像生成等操作。

(3)利用 ArcGIS 对 DEM 数据进行高程点提取并转换成 dwg 文件。

(4)使用 CASS 软件对高程点编辑,生成等高线并标注,对等高线进行修饰。

(5)用 Photoshop 将正射影像压缩成 CASS 可以打开的大小。

(6)在 CASS 软件里加载正射影像,配准正射影像,使其与地形数据相吻合,数据另存。

5. 注意事项

由于使用的相机镜头可能存在一定的畸变差,因此在实际进行航测之前需要对所使用的摄影相机的方位元素和畸变差检校。这一过程通过如下两种方式进行:

(1)在试验室进行检校。在试验室里可以利用标定白板和标定软件对相机进行检校,标定白板上需要有特殊的几何关系标志,软件则需要能进行自动的目标检测。这种方法虽然不能应对复杂的状况,但很方便。

(2)在室外现场进行检校。为了应对航测现场的复杂情况和无人机常见的姿态不稳现象,除了在试验室内进行检校外,还需要建立专门的室外检校场进行检校。这种检校方法和实际的航测作业工作很相似,按高程在地面分层并设置规则的地面标志点,无人机飞行时航线要注意高重叠并交叉,最后通过光束法整体平差来得出检校参数。

6. 结果与分析

公路的检测中,在无人机航拍数据数据处理完成后可以得到整个航线的正射影像图,所以可比较直观、系统地对其进行全面的分析,包括道路周围的绿化破坏程度、发生的滑坡灾害、道路的裂缝等等,并采取相关的措施,为驾驶员和乘客们构筑起安全的壁垒。

1)公路附近绿化的整治

从生成的三维加密点云图中可发现其地表裸露区既不为高坡也不为低地,而是一个和公路几乎处于一个水平面的平地,只是绿化破坏情况较为严重,缺少大面积的植被覆盖,不会发生泥石流、滑坡现象,只要对其进行植树种草后不久就可以使问题得到解决。而且我们也可以根据三维加密点云图简单而又快捷地得到地表裸露区的表面积以及体积等物理信息,如此,能够方便林业部门及时地对相关区域采取绿化措施。

2)公路裂缝的检查

通过检测航拍影像资料和生成的正射影像图,可以发现这样一个规律:凡是公路下方有常规公路的路段,其周围大概十米的地方都有裂缝存在,我们要对这些路段进行全面的人工检查,找出路面出现裂缝的原因,并对症下药,使得公路得到及时的养护和管理,以防止意外事故的发生。

3)对发生的滑坡、泥石流的检测

从生成的正射影像图可发现公路某段路旁有小型滑坡现象发生,根据滑坡点在高分辨率无人机遥感影像上的几何特征,结合三维加密点云图,开展滑坡点信息判识,通过滑坡前后影像对比分析,提取滑坡点空间分布等信息。在生成的点云图中可以实现曲线对象创建功能,直接获取高程点、量取地物距离长度,可直接在点云图上量取表面积以及体积等物理信息。

4)评估测绘精度

无人机航测的测绘精度可以利用之前在测区布下的标志点进行,其精度分平面和高程两方面。通过计算二者数据的均方根,可以算出测区的平面误差和高程误差。通过以往的实际数据我们可以知道,无人机航测虽然存在一定的精度误差,但已经可以满足作业规范,可以胜任危险复杂地形的公路勘察工作。

五、应用价值

近几年,无人机航测技术在国内开始热门起来,由于该技术相比于传统测绘技术,有着极大的优势,可获取无与伦比的多层次成果和成万倍生产效率的提升;并且经过十多年的发展,该技术已经相当成熟,不仅仅停留在实验室而是已经走向了实用,各大测绘厂商瞄准了其光明的前景而纷纷投入巨资参与研发使其进入了批量生产、产业化应用的阶段。

无人机航测技术将给测绘工作带来深刻的变化。首先从外业数据采集上,无人机航测技术是无接触测量技术,这使得它直接突破了传统光学全站仪和 GPS 技术的限制。使用者无须离开仪器即可采集数据,以往难以到达目标物的测量项目如今可以方便地完成数。如:地形测量上的高悬的陡崖、隔河流的边坡、危险的滑坡地段,有毒区域、危险的高压电力设施等等。这些项目以往是很难或者无法完成的高技术项目,有了无人机航测系统,测量的安全系数大大提高。

当然,该技术在较为普通的项目上的应用也很有意义,因为它使面式扫描测量、需要跑棱镜或者安放 GPS 接收机的工作变成了"无接触、无跑动"的工作,减少了工作量,减少了人力,减少了人为误差,降低了劳动强度,还提高了效率。

另外,无人机航测系统的数据采集速度是常规仪器的数万倍,极大地提高了外业工作的效率。比如测绘一平方公里的 1∶2000 地形图,采用全站仪人工跑棱镜测图方法,1 台全站仪配 2 个人需要苦干 2 天才能完成工作,即使是用 1 + 1 RTK(基站 + 移动站)技术也需要 2 天,而使用无人机一个人仅需要不到 30 分钟。

可能有人会说航测的内业工作量巨大,因为航片的数据需要人工拼接,处理成图,费时费力。其实这已经是过去了,现有软件已经很好地实现图幅的自动拼接和匹配,数据的自动化处理程度也很好,而且数据精度可靠、整体一致性好。

在航测后处理软件里,数据可以被任意地裁剪、取样。如选择不同的区域做不同的处理,可以任意按需抽取一部分数据或者去掉一部分数据。如,可以自定将地形上特征地物进行提取。

当然,航测数据处理更多的是利用自动、批量处理工具进行的,如批量生成断面线、任意纵横剖面线、等高线生成与标注、线状地物的提取和体积或填挖的计算等等;只需要选择好操作区域,填入几个要求数据如等高距、断面间距、填挖平衡点等,程序即可按照要求数据自动计算给出结果,这一过程远远快于传统手段。

航测数据经过处理后将快速地提供高质量的视觉效果鲜明的二维、三维成果,比以往的数据表格要更为丰富更为直观。所以,无人机航测技术将从外业、内业和成果方面深刻而积极地改变测绘工作。

无人机航测技术不仅仅将大大提升测绘水平,还将极大地扩展测绘技术的应用面,带来更多业务提供更多的测绘产品。这是因为该技术是实现虚拟现实技术的必要手段,为真 3D GIS 地理信息系统、矿产业的开采模拟、企业的模拟培训、数字化管理和军队的模拟训练等提供必需的基础数据成果。

与现代化的传统测绘工具全站仪和 GPS RTK 接收机不同,这些仪器仅能单点采集数据,仅能用于测绘上测点或者点放样、控制测量等,无人机航测技术以其技术特色超越了测绘行业的限制。在这个数字化地球、数字化城市概念深入人心的时代,这个"视觉经济"时代,无人机航测技术必将在国民经济的建设中发挥重要的作用。

目前,无人机航测技术已经在发达国家测绘单位中大范围采用。中国经济的飞速发展,庞大的基础设施建设规模,使得各行业对无人机有着强劲的需求,再加上门槛(经济、技术)的降低,拥有无人机的单位越来越多,整体呈快速上升趋势。

无人机航测系统已经相当成熟,体积小巧、携带方便,有着简单明了的内外业流程,采集方法更简单,设定完参数就可自动飞行采集数据,因此,一般测量员即可操作,没有什么高技能要求。内业的操作同样自动化程度高,一般的内业数据处理人员即可掌握。

无人机航测在公路工程方面的前景广阔,其成本低、速度快、效果好的特点使其大大超越了传统的测绘方法,节省了人力物力,减少了工程的开支,满足了当前带状公路地形测量的技术要求,并为相关的公路建设测图项目提供了较为详细的解决方案。相信随着无人机航测的技术日益成熟,在公路勘察上发挥的作用也会越来越大。

第四章
Chapter 4

环境保护实施

第一节 环境保护措施的依据

(1)业主和施工单位签订的施工合同;
(2)业主和监理单位签订的施工监理合同;
(3)业主与第三方签订的合同文件;
(4)本工程的招标文件及经批准的设计文件;
(5)国家有关环保的法律、法规;
(6)国家有关环保条例、办法、规定和标准;
(7)国家、交通运输部、各个省份颁布的监理法规、规定等;
(8)项目的环境影响评价文件;
(9)工程设计文件。

第二节 环境保护的目标

(1)以法制、合同、管理的手段强化工程管理人员的环保意识,使环保管理工作制度化、规范化、合理化,确保在本工程实施过程中的环境保护措施符合法律、法规及相关规范要求,杜绝对环境造成污染和破坏;

(2)遵守《中华人民共和国自然保护区条例》和卡拉麦里山有蹄类野生动物自然保护区的相关规定,并积极配合保护区日常工作。

(3)始终坚持"最小的破坏就是最大的保护"原则,始终坚持环境保护和项目建设协调发展,将环境友好和可持续发展作为项目建设的核心理念,贯穿于项目建设的始终。

第三节 环境保护工作程序流程图

本工程环境保护工作管理流程图如图4-1所示,形成了环境保护的闭环管理。

第四章 环境保护实施

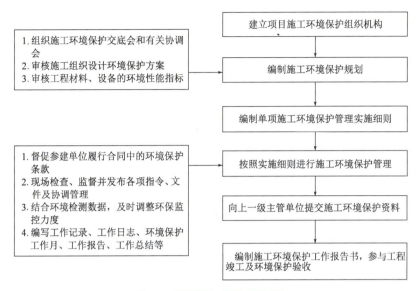

图 4-1 环境保护工作程序流程图

第四节 环境保护要求

（1）各监理和施工单位须设置环境保护管理组织机构和管理体系，制订各级人员环境保护岗位职责、建立完善的环境保护制度、完善环境保护工作程序、制订环境保护工作目标、配备相应的环境检测仪器和设备，做好环境保护管理资料以及监测资料的收集、整理和归档工作，使环境保护工作落到实处。

（2）监理办和项目部须配备一名环境保护责任人，其应熟知环境影响评估报告书内容，熟悉相关环境保护法律、法规、标准及设计文件，严格遵照环境影响报告书内容开展环境保护工作，定期和不定期地对现场环境保护情况进行检查、监测，对破坏环境的行为进行制止和管理，对较严重的问题协同当地环境保护部门共同解决。

（3）建立环境保护奖惩制度，对违反环境保护的行为、施工严惩不贷，对表现好、对环境保护工作突出的个人、集体进行奖励，让全体参建人员人人讲环境保护，个个保护环境，营造一片环境保护的氛围。

（4）落实工前环境保护技术交底工作，定期开展环境保护教育培训，特别是对一线施工作业人、机械操作手、现场施工技术人员等，提高其环境保护认识，让环境保护思想深入群众、扎根基层，切实做好环境保护工作。

（5）做好、做足环境保护宣传工作，在施工现场、厂站、驻地等醒目位置设置环境保护宣传口号、标语，向施工一线工作人员、机械设备操作手散发宣传册，对环境保护进行大力宣传，让所有参建人员心中有环境保护，人人行为符合环境保护要求，切实做好环境保护工作。

(6)指挥部暂定于每月的5号作为"环境保护知识学习日"和"环境保护宣誓日"，加大环境保护的宣传和深入。

第五节 环境保护措施

1. 大气环境

(1)土石方(弃渣)等易产生扬尘的物料运输时，需要覆盖篷布进行运输，防止运输过程中的散落；

(2)加强施工现场的管理，对施工材料进行覆盖，对易起尘区域进行洒水抑尘；洒水抑尘频次每日不少于三次，可根据便道利用和扬尘情况增加洒水次数，以达到不扬尘为目的；

(3)施工便道面层洒、铺碎石料做简易的硬化处理，并压实成型，以达到抑尘的效果；

(4)拌和站、碎石加工场应设置粉尘消减和控制装置，减少粉尘对大气的污染；

(5)对施工现场、厂站、碎石加工厂易扬尘的材料进行覆盖、洒水，优化施工技术方案，淘汰落后的、对环境污染大的工艺，降低粉尘排放；

(6)加强对施工运输车辆、施工机械设备的保养和维护，淘汰排量不达标、带病工作等尾气排放超标的设备，选用燃烧充分、环保型的施工机械，淘汰老旧施工车辆，减少施工过程中设备废气污染物的排放对环境影响；

(7)在施工区、驻地、厂站内严禁焚烧有毒、有害、有恶臭物体等物体，减少对大气的污染。

2. 植被保护

(1)严格控制施工便道用地及超公路用地红线清表，严禁超出审批用地范围铺筑施工便道，减少对主线外部植被的破坏；

(2)施工便道两侧必须设置环保桩；环保桩采用PVC管，并加贴醒目的红白相间的反光标、管内插入彩旗；设置间距直线处每30m一个，弯道处每15m一个；

(3)施工便道各类警示、限速、引导标志(限速标志，禁止鸣笛标志等)的设置要做到符合标准化施工和相关交通规范要求；

(4)严禁施工车辆、机械设备驶离施工便道和主线用地范围，破坏地表植被；

(5)对主线和便道清表的腐殖土方(熟土)，施工单位须集中存放，待工程结束后，铺

筑在厂站、驻地、便道上,以利于植被恢复;

(6)现场油料应集中保管,车辆、油料库做好防渗、污、跑、冒、滴、漏处理,防止污染土地,使植被无法恢复;

(7)施工现场、驻地、厂站须设置垃圾箱,对施工、生活等垃圾进行集中收集,严禁随意抛、丢弃垃圾,污染土地、植被。

3. 水环境

(1)办公区、生活区、施工区、厂站内设置合理的排水沟、排水管,道路、场地设置合理的坡度,设置沉淀池、地表水收集池,集中存放、沉淀后循环使用,以达到既节约又不污染环境的目标;

(2)施工废水设置沉淀、隔油池,施工废水经处理后循环利用(场地洒水和冲洗车辆),禁止外排;

(3)对粪便水设置化粪池,自然风干;

(4)洗涤污水的主要污染物为悬浮物,可设置沉淀池(禁止随意排放),沉淀池做防渗处理,污水集中排至池中经沉淀后回用,沉淀后的固体成分定期处理,施工结束后将化粪池及沉淀池均覆土掩埋;

(5)未经处理的生活、施工废水严禁直接倾倒和排入到河道内,从而污染当地水环境。

4. 声环境

(1)施工单位必须选用符合国家有关标准的施工机械和车辆,尽量采用低噪声施工机械和工艺,合理安排施工时间,固定强噪声源应考虑加装隔音罩(如发电装置等);

(2)在动物通道附近施工的过程中,发现野生动物活动时应减少大型机械施工或是停止施工;

(3)对通过动物通道的施工便道路段设置禁鸣、限速标志。

5. 固废

(1)生活垃圾:设置垃圾桶,进行垃圾分类,并建立小型的垃圾临时堆放点,设专人定期清理,集中运至垃圾填埋场,禁止就地挖坑掩埋;堆放点定期进行喷杀菌、杀虫药水作业,减少蚊虫和病菌的滋生;

(2)施工期固体废物(废弃土石方、建筑垃圾)采取"集中收集、分类处理、尽量回用"的原则,其中废弃土石方可用于施工营地和临时场地平整,其余送至弃土场处置,运送过程中对车辆顶进行覆盖、遮挡。

6. 风险

(1)做好环境风险事故应急预案,保障施工人员的人身安全;

(2)定期对施工人员进行安全培训,提高安全意识。

7. 社会环境保护

(1)确保公路施工行为不破坏沿线的公众服务设施;

(2)施工现场的入口设置广告牌,写明工程承包商、施工监理单位以及当地环保局的热线电话号码和联系人的姓名以便群众在受到施工带来的噪声、大气污染、交通以及其他不利影响时可与有关部门进行联系,以解决问题;

(3)严格控制施工期临时占地范围,严禁随意扩大。

8. 生态环境

(1)临时堆土场、施工营地等应远离动物通道设置,临时工程避开保护植物密集分布区,无法避开的采取补种措施;

(2)施工期间,先保留7个动物通道,每个通道区宽度2000米,不施工,其他保护区内路段全面推进施工;非通道区施工完成后,再对7个通道区采取单向推进式逐一施工;

(3)为进一步保护好自然保护区,按照"谁受益、谁补偿、谁破坏、谁承担"的原则,结合卡拉麦里山有蹄类野生动物自然保护区管理机构要求,拟建项目需缴纳一定的生态补偿费用,补偿资金根据实际情况确定,专项用于卡拉麦里山有蹄类野生动物自然保护区野生保护动物的费用支出。

9. 公众意见

每三个月调查公路沿线直接受影响的单位、居民以及驾乘人员对项目环境保护工作的评价与建议。

10. 环保档案

(1)环保档案记录完整;

(2)无环保投诉或环保投诉得到妥善解决;

(3)环保投资单独台账。

11. 环境管理与监测

(1)设立环境管理机构,建立环境保护规章制度和环境保护监测计划;

(2)施工期环境管理措施、环境监理的落实情况。

第六节 环境保护职责

(1)建立环境保护档案,定期对项目部环境保护档案进行检查;建立环境保护月报、季报制度；

（2）环境保护负责人不定期到现场对环境保护措施和设施进行检查，对发现的问题立即让其进行整改；

（3）随时与项目建设指挥部环保、水保工程师沟通，做好项目环境保护工作；

（4）对项目所有人员进行保护动植物知识宣传，配合卡拉麦里山有蹄类野生动物自然保护区管理中心工作人员做好相关工作；

（5）禁止人员对野生动物有恐吓、猎捕、猎杀行为，禁止对保护植物乱砍乱挖，一经发现，移送有关部门处理；

（6）发现违反保护区相关规定情况及时报警。

第五章

Chapter 5

特色附属设施建设

特色附属设施建设包含"空地一体化"的自然保护区动态监测系统、动物通道及配套感知单元辅助管理、地质地貌信息监测、应急抢险救援等的专项技术体系。能够更好地减少施工过程中及建成后公路工程对周边生态环境的影响，加强工程与生态保护的协调统一。本书介绍特色附属设施的其中一种，"空地一体化"自然保护区动态监测系统。

第一节 "空地一体化"自然保护区动态监测系统建设意义

本书在总结我国环境应急管理体系建设现状的基础上，提出了"空地一体化"的自然保护区环境应急监测与管理体系的框架及功能设计，构思了一种空中航空摄影＋地面物联网（IOT）＋远端云服务数据统计分析的应急处置管理体系。通过航空摄影技术建立保护区基础数据平台，通过野外监测传感器及后台大数据分析获取分析区域内生物多样性分布、迁徙等规律，采集在空间、时间上连续的物种和自然环境的变化，空地一体化遥感观测可以提供物种和生物环境的综合定量信息，与生态模型有机结合，可以科学地反映生物多样性的时空格局与动态过程，有助于挖掘空间上动态性、多样性变化的生物数据，提升自然保护区动植物监管的信息化技术水平。

卡拉麦里山有蹄类野生动物自然保护区现在保护区总面积为 14235.58km^2，其中核心区 4894.09km^2，缓冲区 5720.58km^2，实验区 3620.91km^2，保护区外围建有五彩湾工业园区，园区内有煤电化产业。目前，我国环境应急监测主要以单点采集分析的人工或半自动化方式为主，受地况、交通、季节环境等的影响，存在应急处置响应速度慢、效率较低且无法全面普查等问题，在执行环境监测及应急处置任务过程中，往往由于无法及时、全面、动态地获取生物和污染物的动态变化信息等而延误了对野生动物救助、环境问题处置、污染事故处理等的时机，降低了环境问题事故处置效率。建立有效的应急处置方案，构建"空地一体化"响应迅速、信息高效的环境事故监测预警技术体系，是提高应对自然保护区突发环境问题处置能力的必然要求。"空地一体化"技术体系具有响应速度快、受气候影响小、信息高效、电子档案完成等突出优点，特别是较传统监管手段而言，该体系的建立大大提升了应急响应的机动性、灵活性、可回溯性，以及完善的档案体系，在大面积的自然保护区先要全面而精细的管理与保护，空地一体化技术体系是未来发展的必然趋势，更加便捷、高效、科学地解决突发性环境问题，连续性解决隐患问题。

第二节　自然保护区环境监管体系总体设计

本着"统筹规划、合理布局、因地制宜、讲求实效"的原则,针对卡拉麦里山有蹄类野生动物自然保护区面积大、野生动物活动范围大而分散、周边矿藏丰富及工业区多等特点,制定"空地一体化"的全局管理模式,将航空、航天技术结合物联网加野外监测设备的多维度环境管理手段,建立宏观的生态系统监测到微观各类环境因子监测,动态监管保护区的生物活动、自然环境变化,及时有效地提出针对性改善方案,形成更加完善的信息化管理平台,进一步加强生态、环境应急响应能力和科学决策水平。

国道G216线富蕴至五彩湾项目位于卡拉麦里山有蹄类野生动物自然保护区内,指挥部高度重视环境保护工作,依托环境影响报告书,将环境保护作为核心理念,始终坚持"最小的破坏就是最大的保护"原则,一是提高环境保护工作考核分数权重;二是设立专职环境保护工程师;三是制定切合本项目的环境保护措施;四是保持与卡拉麦里山有蹄类野生动物自然保护区管理中心紧密联系;五是组织环境保护活动;六是建立环境保护自查自纠日报制度;七是创建环境保护文化宣传长廊;八是开展每月环境保护培训教育;九是创立指挥部环保小组与项目部一对一工作督察机制;十是组织"环保行"徒步活动。

为保证环保措施落到实处,指挥部将19名工作人员分为8个小组,分别管理8个项目部的环境保护工作。项目部主动自查自纠,监理督促,形成环境保护自查自纠日报体系,指挥部复核工作程序,将环境保护工作做到实处。旨在构建一条安全、环保、优质、廉洁、生态、民生的丝路五彩大通途,为谱写中华民族伟大复兴中国梦的新疆篇章,奉献我们新疆交通人的华丽诗篇。

第三节　"空地一体化"自然保护区动态监测系统结构

"空地一体化"自然保护区动态监测系统由信息采集技术、信息管理分析技术、信息技术3大技术基础和环境隐患管理系统、远程诊断分析系统及应急处置系统3大系统构成,分为远程应急指挥中心(远程应急指挥)和现场应急处置(移动应急终端)两部分,如图5-1所示。

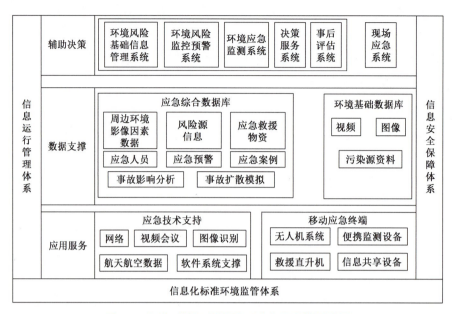

图 5-1 "空地一体化"自然保护区动态监测系统架构图

第四节 "空地一体化"自然保护区动态监测系统功能设计

利用航天航空技术快速获取保护区宏观基础数据,动态分析保护区环境演变过程,针对时向性数据制定长期有效的保护区环境改善方案;利用有人机对保护区内野生动物、遇险人员等作出及时有效的救助。利用高分影像结合红外相机获取野生动物通道数据分析适宜生境分布格局,综合公路周围景观类型、车流量、人类活动等因素对野生动物通道利用效率作出分析。其次,利用便携土壤监测设备结合实验室监测,获取道路附近土壤特性(土壤容重、含水量、导水率、黏结力、侵蚀强度)变化,建立动态监测数据库,以此分析公路对周围环境影响程度及影响范围。除此之外,可以深度挖掘采集的野生动植物及环境数据,分析保护区水源有效性、动植物生态链完整性,制订保护区管理优化方案等。具体措施如下:

(一)规划设计期环境保护措施

(1)制定了本项目对卡拉麦里山有蹄类野生动物自然保护区生态影响专题报告。

(2)规划设计方充分听取研究保护区主管部门、环评专题组,及相关动物专家意见,在适宜地点规划设计足够的野生动物通道群,野生动物通道群定位既要考虑南北纵向跨越区段定位、也考虑东西横向与 G216 间缓冲带宽度定位。

(3)动物通道规划设计除主体设计外,增加了环境保护诱导规划设计专题方案,以确保达成主体设计目标。

(二)指挥部施工期环境保护和恢复措施

1)前期:环境保护措施依据。

(1)国家有关环保的法律、法规;

(2)国家有关环保条例、办法、规定和标准;

(3)国家、交通运输部、省颁布的监理法规、规定等;

(4)项目的环境影响评价文件;

(5)卡拉麦里山有蹄类野生动物自然保护区相关条例;

(6)业主和施工单位签订的施工合同;

(7)业主和监理单位签订的施工监理合同;

(8)业主与第三方签订的合同文件;

(9)本工程的招标文件及经批准的设计文件;

(10)工程设计文件;

(11)国家林业和草原局使用林地审核同意书。

2)中期:环境保护工作开展要点情况。

项目指挥部积极监督落实环境保护措施。一是按照厅局级对环境保护、水土保持工作要求,结合本项目建设实际制定环境保护、水土保持工作制度或管理办法,并监督管理落实到位;二是督促各参建单位成立环境保护、水土保持领导小组,配备专(兼)职环保、水保工作人员;三是组织参建单位开展环保、水保工作月度检查以及不定期的自查自纠工作;四是重点发挥监理单位监督责任,及时发现并整改项目建设中存在的环境保护、水土保持问题;五是定期组织参建单位召开环境保护、水土保持学习培训或专题教育;六是加强对水土保持监测单位的管理,对其在监测过程中提出的整改意见督促参建单位严格按要求整改,并留存相关影像资料。

一是保护大气环境。拌和站、碎石加工场设置粉尘消减和控制装置,减少粉尘对大气的污染;加强施工现场的管理,对易扬尘的施工材料进行覆盖,对易起尘区域采取洒水抑尘;土石方(弃渣)等易产生扬尘的物料运输时,需要覆盖篷布,防止运输过程中的散落;在施工区、驻地、厂站内严禁焚烧有毒、有害、有恶臭等物体,减少对大气的污染。

二是加强植被保护。严格控制施工便道用地及超公路用地红线清表,严禁超出审批用地范围铺筑施工便道,减少对红线外部植被的破坏;施工便道两侧必须设置环保桩,并加贴醒目的红白相间的反光标;严禁施工车辆、机械设备驶离施工便道和主线用地范围,破坏地表植被和砾幕层;对主线和便道清表的腐殖土方(熟土)集中存放,采用密布网进行覆盖,待工程结束后,铺筑在厂站、驻地、便道上,以利于植被恢复。

三是保护水环境。"两区三厂"设置合理的排水沟、排水管、沉淀池、地表水收集池,集中存放、沉淀后循环使用,达到了既节约又不污染环境的目标;施工废水设置沉淀、隔油池,施工废水经处理后用于场地洒水和冲洗车辆等循环利用;未经处理的生活、施工废水严禁直接倾倒和排入到河道内,避免污染当地水环境。

四是固体废弃物处理。生活垃圾要分类,设专人定期清理,集中运至垃圾填埋场,禁止就地挖坑掩埋;施工期固体废物(废弃土石方、建筑垃圾)采取"集中收集、分类处理、尽量回用"的原则,其中废弃土石方可用于施工营地和临时场地平整,其余送至弃土场处置,运送过程中车辆车顶覆盖、遮挡。项目建设指挥部组织各参建单位参加"环境保护和水土保持"业务培训,要求各参建单位有计划、有落实地将环保理念传达到每一个从业人员。

五是建立完整资料档案。定期检查各参建单位环境保护工作开展情况和环境保护档案。

3)后期:环境保护和恢复措施。

(1)施工结束及时实施平整施工期临时用地,覆盖含土质高的土方,以利于植被的恢复,取料场应实施恢复土方覆盖的方法,人工恢复荒漠植被。

(2)加强管理,制定有力措施,减少人为活动频率和范围,限制活动区域,降低废气排放和噪声污染,避免增加新的影响因素。

(3)采取在原地进行平整,以含土质高的土方覆盖的方式进行植被恢复,保证占用林地得到恢复,面积不减少,质量不降低。

(三)运营期环境保护措施

制订《国道 216 线一级公路野生动物及其栖息地保护方案》。

(1)创造和维护野生动物人工通道的诱导区水、草、光、嗅、色等诱导环境条件,管理屏蔽好诱导区人为干扰因素。

(2)控制维护野生动物通道段的项目与 G216 间动物横向跨越缓冲带的原生态环境。

(3)严格管控保护区内的交通噪声和服务区噪声,减少对动物的干扰。

(4)在保护区两端考虑增设高速路上道口,逐步弱化保护区内 G216 南北向运输功能,条件成熟时,取消保护区内的 G216 段,由新项目替代其功能。

(5)动物通道两侧斜对角安装红外摄像头,连续监控动物通过情况。

(6)预防行车干扰:五处平基开放式通道两侧边坡连续间隔设置小于小车宽度石桩,防止高速路车辆从平基式通道处下道,进入动物通道诱导区两侧,对动物通过增添人为干扰。

第五章 特色附属设施建设

(四)动物通道

1. 野生动物通道设置环境

野生动物通道设置环境分析如表5-1所示。

野生动物通道设置环境详析 表5-1

编号	中心桩号	微地形地貌	土壤	优势植物	水源点	环境综合评价
1	K313+300	荒漠丘陵带的东西向宽谷槽地	灰漠土	沙生针茅	无	地形平坦,缺水但荒漠植被分布良好,适宜通过
2	K320+350	荒漠丘陵带的东西向宽谷槽地	灰漠土	沙生针茅	少,距离远	地形平坦,缺水但荒漠植被分布良好,适宜通过
3	K340+050	荒漠丘陵带的东西向宽谷洼地	山地灰棕漠土	梭梭	水源丰富	地形平坦,水源丰富,通道有吸引力
4	K396+830	荒漠丘陵带的东北向西南向宽谷槽地	山地灰棕漠土	沙生针茅	无	地形平坦,缺水但荒漠植被分布良好,适宜通过
5	K411+950	古尔班通古特沙漠和卡拉麦里山前戈壁	灰棕漠土	沙生针茅	5个水源点,距离近	小丘沟谷相间区,地形隐蔽,有水源分布,通道有吸引力
6	K335+930	荒漠丘陵带的东西向丘陵山脊地	山地灰棕漠土	沙生针茅	数量多,距离近	丘陵山脊地,植被差,隐蔽性差,通道吸引力低,需要改造环境
7	K391+575	荒漠丘陵带的东北向西南向宽谷槽地	山地灰棕漠土	沙生针茅	面积大,距离近	丘陵带间谷地,水源稳定面积大,植被良好,通道有吸引力

2. 保护区内桥梁系统兼营野生动物通道的设计分析

保护区内道路工程因放牧通行,或过沟壑等其他原因,有道路桥梁58座,其中大桥44座,中桥14座;比对业主设置的路段要求和评价组野外通道调查核实情况及G216动物通道论证会专家要求,其中有20座大桥位于动物重要的穿越路线上,希望设计方在对该20座大桥设计时在桥的高和宽设计时,考虑野生动物通过的需要,加宽设计不低于100m,桥下加高设计使之在4.5m以上,当桥梁抬高设计困难时可采取适当下挖方式,使桥下净高达到标准。

3. 动物通道环境诱导因素分析

(1)屏蔽人类干扰。

动物上下穿通道前及两侧应充分屏蔽人类干扰,屏蔽范围半径应不小于3km,大型有蹄类野生动物胆小,即便再完美的通道设计,当存在人为干扰时,都会使有蹄类野生动物不敢靠近,所以,充分屏蔽人类干扰十分重要,3km是一个经验保险值。限制在动物通道诱导区3km内放牧,以保障野生动物通道原生性,禁止在动物通道诱导区3km内建立与保护无关的人工建筑设施。

（2）食物诱导。

通道两侧3km内直至通道内保护抚育当地有蹄类野生动物适口的植物，如梭梭、沙拐枣、芨芨草等，形成食物诱导通道效应。

（3）水源诱导。

在通道下500m半径范围挖出断续随机零星分布的小块浅洼地和引导走向通道的小窄浅沟，将少量集水和融雪水自然引向通道区，人工水体边留足够宽的陆地通道走廊，形成水诱导效应，并有利水体侧植物生长；根据野外痕迹调查，保护区有蹄类野生动物具有沿水沟边沿及水体边沿移动觅食的习惯。

（4）视角诱导。

①通道段两侧1000m道路附属设施及护栏护坡颜色与环境一致，采取浅棕色或棕色或棕沙色，避免刺激动物；把通道内壁三面做成当地山岩浮雕画面，并采用前述色彩。

②通道口高速公路两侧护坡带，洞口两端种植并维护长为1000m、宽为10m、高为2m的梭梭灌丛带遮挡护坡和护栏，软化动物的视角环境。

③在动物通道内安装隐藏的低照度的仿日光的漫射光仿生灯，使用光控或时控日开夜闭，使白日通道内不致黑暗，减少动物恐惧，形成仿自然光诱导；另一方面，新疆日照充分，新建的动物通道进出口是东西方向的，本身就有利于通道自然采光，如果通道足够高宽，也可不设辅助光源。

④在7个通道的两侧，设计塑造与实际比例大小一致的保护目标动物仿生塑像，对动物形成视角诱导并对往来车辆起到警示作用。

通道两侧增加2m高的仿生外挡墙，屏蔽过往动物两侧对道路方向的视线。

（5）嗅觉诱导。

动物通道内保存或人为涂抹有蹄类野生动物粪便，以加强动物嗅觉引诱效应。

（6）噪声屏蔽。

对平基式通道车辆限速：通道段200m范围内限速40km/h，通道两侧范围内200m限速60km/h。

对桥梁式下穿通道：在桥梁两侧建立仿生植物外墙面声屏障。

（7）削减原有障碍。

将通道相邻平行的国道G216的路堤段两侧陡边坡填成平缓边坡，平缓边坡宽幅大于100m，并在填平缓的边坡上稀疏地种植梭梭灌丛小斑块引诱动物穿越，减少动物连续跨越双重障碍的困难。

（8）维护通道段双线间的缓冲带原生态环境。

大范围控制保护通道段的国道G216与新建项目中间地带的生态原生性，禁止在该地带的野生动物通道段的一切人为活动,保护植被原生态环境,创造有利于动物横向跨越双线的自然环境。

(9)预防行车干扰。

五处平基开放式通道两侧边坡连续间隔设置小于小车宽度石桩,防止高速路车辆从平基式通道处开下,进入动物通道诱导区两侧,对动物通过增添人为干扰。

一、航空航天环境应急监测系统

利用卫星遥感、直升机及无人机技术,高效地普查保护区内环境数据,可大大提升传统环境应急监测与管理手段的效率。

通过预设航线、预定卫片等方式获取航空航天数据,实现对重点的环境敏感区(如水源地、动物迁徙通道、周边工业区)的周期性巡航监测,作为环境风险监控的基础手段。如图5-2所示。

图 5-2　工业园航空航天监测

对于突发性环境污染、野生动物异常活动、旱涝等情况,该系统通过机载影像采集设备,传输现场影像资料辅助决策支持,后台软件系统对数据进行快速识别分析,为应急指挥调度提供依据。

二、地面信息采集建立信息网

通过地面环境布设信息采集设备,获取静态动物通道、土壤、水源等的长期连续数据以及动态动物迁徙、环境变化数据,可更加科学地评估保护区内动植物及环境变化,作出针对性方案。

利用野外红外相机陷阱法、痕迹法和直接观察法采集野生动物通过野生动物通道数据,从而分析保护区内野生动物迁徙规律、动物通道利用率及公路建设对周边环境影响力报告。

针对保护区内感兴趣区布设静态隐蔽监控设备，根据公路建设前后野生动物习性变化，作出相应的保护区公路影响改善方案，尽可能减少公路建设对野生动物生态平衡的影响。

利用环境因子、污染检测设备，周期性地对保护区重点检测区进行检查、数据上传，动态监测保护区自然环境变化，预防人为因素对保护区造成危害。

三、"空地一体化"后台数据库系统

"卡拉麦里G216高速施工段一体化生态监测及数据平台建设和开发应用"项目建成了集生态监测数据汇集、管理、分析及演示示范为一体的卡拉麦里G216高速施工段大数据可视化数据监测与信息展示平台；构建了卡拉麦里G216高速施工段生态监测3级指标体系；在平台监测地表冻融状态、积雪深度、植被分类调查与遥感、积雪比例、植被物候期等；率先应用无人机空中监测平台，搭载可见光相机、激光雷达、高光谱相机等载荷，开展对卡拉麦里等重点区域的综合监测，在生态监测方法学研究中具有重要开创意义；研发的生态参数反演、多源数据时空融合、数据驱动的空间数据生成等多源异构数据解析集成关键技术，提高了数据连续性和时空分辨率。环境生态系统的影响因子复杂而多样，想要真正地管理与优化，必须要建立完善的影响因子数据采集系统，获取连续性的保护区管理信息。建立健全的保护区电子档案，将所有数据整合分析，利用大数据优势优化保护区环境变化，相比于传统管理方式效率更高。